Englisch
spielend leicht

Bevor es losgeht …

… möchte ich mich kurz vorstellen: Mein Name ist Sherlock McSchnuff. Ich bin dein Englischlehrer. Meine Muttersprache ist Englisch. Wenn du mich durch das Buch begleitest, bringe ich dir viele wichtige Wörter und ganze Sätze bei. Hin und wieder habe ich auch einen guten Tipp oder eine knifflige Aufgabe für dich. Du wirst sehen: Englisch ist gar nicht so schwierig. Die meisten Wörter sind ganz einfach zu merken. Einige Wörter und Sätze sind etwas verzwickter, aber wenn du dir die besonders gut einprägst, dann kannst du die Großen richtig beeindrucken! Überhaupt ist es ganz praktisch, die Eltern, Großeltern oder älteren Geschwister zu überreden, mal mit dir in das Buch zu schauen. Sie können dir sicher auch ganz gute Tipps zur englischen Sprache geben.
Im Buch findest du zwei CDs – dort sprechen meine Freunde und ich dir alle Wörter und Sätze, die im Buch stehen, auf Englisch vor. Und du kannst sie laut mitsprechen – und hörst natürlich auch die deutsche Übersetzung!

Also, los geht's!
Let's go!

Inhaltsverzeichnis

Myself

shoulder
Schulter
hair
Haar
I am David, a boy.
Ich bin David.
Ich bin ein Junge.
eyes
Augen
mouth
Mund
nose
Nase
I am Janet, a girl.
Ich bin Janet. Ich
bin ein Mädchen.
T-shirt
T-Shirt
Leo, the cat
Leo, die Katze
skirt
Rock
hand
Hand
socks
Socken
Sally, the tortoise
Sally, die Schildkröte
shoes
Schuhe
trousers
Hose

Das bin ich

I put on my sweater.
Ich ziehe meinen Pullover an.

I speak to my brother.
Ich spreche mit meinem Bruder.

I wash myself.
Ich wasche mich.

David thinks.
David denkt nach.

The boy smiles.
Der Junge lächelt.

The girl sleeps.
Das Mädchen schläft.

Sherlock-McSchnuff-Tipp

Wenn dir in den Sätzen ein paar Wörter unbekannt vorkommen, schau mal auf einer der nächsten Doppelseiten nach! Übrigens: Ein guter Tipp für das gesamte Buch!

Myself

David wears a yellow jacket and blue trousers.
David trägt eine gelbe Jacke und eine blaue Hose.

Janet wears a blue skirt.
Janet trägt einen blauen Rock.

She wears white socks, too.
Sie trägt auch weiße Socken.

Her T-shirt is pink.
Ihr T-Shirt ist rosa.

David's shirt is green.
Davids Hemd ist grün.

Janet's shoes are red.
Janets Schuhe sind rot.

Sherlock-McSchnuff-Aufgabe

Kannst du mir auf Englisch sagen wie du heißt?
My name is ...
Okay, das war ja einfach! Kannst du mir auch auf Englisch sagen, was du anhast? Versuch es einfach mal:
I wear ...

Das bin ich

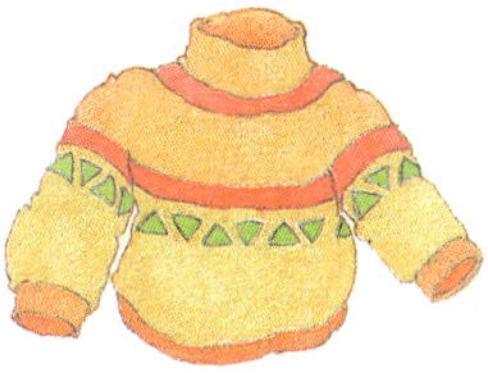

jumper
Pullover

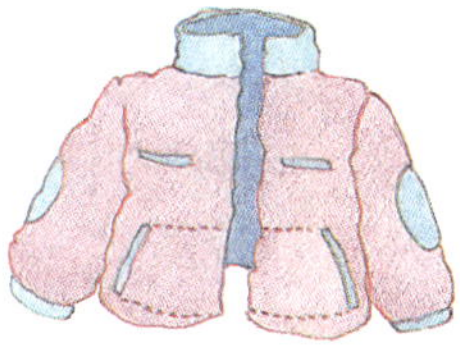

jacket
Jacke

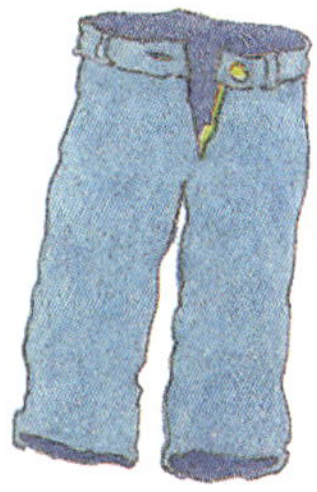

trousers
Hose

socks
Socken

shirt
Hemd

shoes
Schuhe

pants
Unterhose

T-shirt
T-Shirt

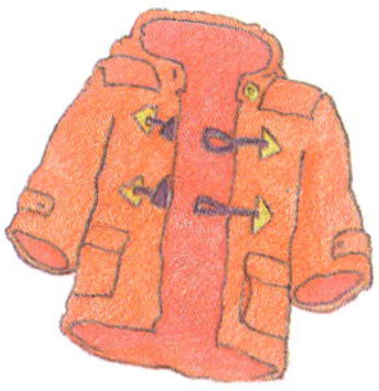

coat
Mantel

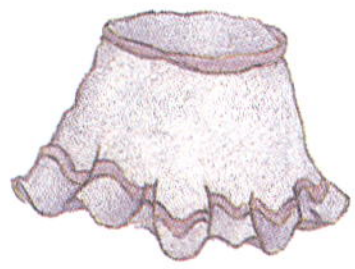

skirt
Rock

My Family

father
Vater
grandparents
Großeltern
aunt
Tante
uncle
Onkel
mother
Mutter
sister
Schwester
myself
ich
cousin
Cousine

Never sneak on your brother!
Verpetze nie deinen Bruder!

I like to joke.
Ich mache gern Spaß.

Mostly I obey my parents.
Meistens gehorche ich meinen Eltern.

I'm embracing my sister.
Ich umarme meine Schwester.

Tell me more!
Erzähl mir mehr!

I love my little brother.
Ich liebe meinen kleinen Bruder.

Sherlock-McSchnuff-Tipp

I like ist ein superpraktischer Begriff. Du kannst es für alles nehmen, was du magst.
I like my brother. – Ich mag meinen Bruder.
I like lemonade. – Ich mag Limonade. Nur wenn du es mit Tunwörtern verwendest, musst du ein **to** vor das Wort oder ein **-ing** hinter das Wort setzen: **I like to swim.** Oder: **I like swimming.** – Ich schwimme gerne.

My Family

My aunt Betty is my mother's sister.
Meine Tante Betty ist die Schwester meiner Mutter.

My uncle Leonard is my father's younger brother.
Mein Onkel Leonard ist der jüngere Bruder meines Vaters.

My cousin is my uncle's son.
Mein Cousin ist der Sohn meines Onkels.

My grandmother Josephine is my mother's mother.
Meine Oma Josephine ist die Mutter meiner Mutter.

My aunt Carol is my mother's sister.
Meine Tante Carol ist die Schwester meiner Mutter.

My cousin Sophie is aunt Carol's daughter.
Meine Cousine Sophie ist die Tochter meiner Tante Carol.

Sherlock-McSchnuff-Aufgabe

Ich selbst habe zwei Brüder und sieben Schwestern.
Wie sieht es bei deiner Familie aus?
Wie viele Geschwister hast du?
Wie viele Onkel und Tanten hast du?
Wie viele Cousins und Cousinen hast du?
Sag es laut, damit ich es auch hören kann. Aber auf Englisch, bitte!
I have two brothers and seven sisters.
What about your family?
How many brothers or sisters do you have?
How many uncles and aunts do you have?
How many cousins do you have?
Say it loud so that I can hear it! In English, please!

I have ...

The Family Tree
Der Stammbaum

my grandparents on my father's side
meine Großeltern väterlicherseits

my grandmother
meine Großmutter

my grandfather
mein Großvater

my grandparents on my mother's side
meine Großeltern mütterlicherseits

my grandmother
meine Großmutter

my grandfather
mein Großvater

my uncle
mein Onkel

my cousin
mein Cousin

my parents
meine Eltern

my father
mein Vater

my mother
meine Mutter

my aunt
meine Tante

my cousin
meine Cousine

My Birthday Party

birthday cake
Geburtstagstorte

glass
Becher

table
Tisch

balloon
Luftballon

presents
Geschenke

candles
Kerzen

birthday boy
Geburtstagskind

guests
Gäste

clown
Clown

Meine Geburtstagsparty

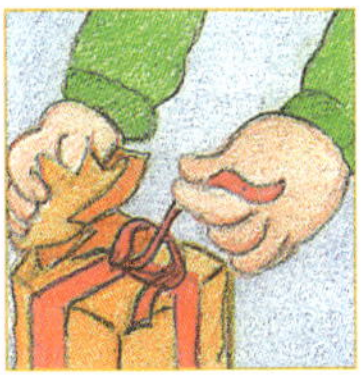

I open the presents.
Ich öffne die Geschenke.

I blow out the candles.
Ich blase die Kerzen aus.

We celebrate my birthday.
Wir feiern meinen Geburtstag.

All guests must sing.
Alle Gäste müssen singen.

Mummy cuts the cake.
Mama schneidet den Kuchen an.

All guests drink to my health.
Alle Gäste stoßen auf mich an.

Sherlock-McSchnuff-Tipp

Kennst du das meistgesungene Lied der Welt?
Nein?
Doch, du kennst es.
Dieses Lied gibt es schon seit 1924.
Happy birthday to you, happy birthday to you.
Happy birthday, dear ..., happy birthday to you.

My Birthday Party

There are many candles on my birthday cake.
Auf meiner Geburtstagstorte sind viele Kerzen.

One candle for every year.
Eine Kerze für jedes Jahr.

I have got a lot of presents.
Ich habe eine Menge Geschenke bekommen.

All my friends are here.
Alle Freunde sind hier.

Come on, let's eat the cake now!
Los, essen wir die Torte!

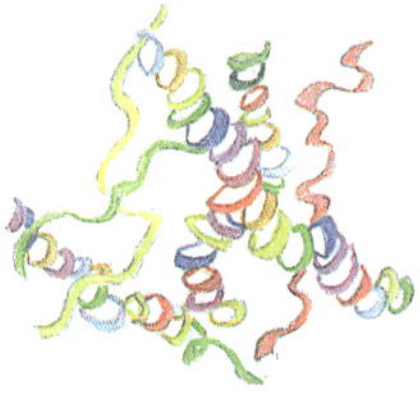

streamers
Luftschlangen

candles
Kerzen

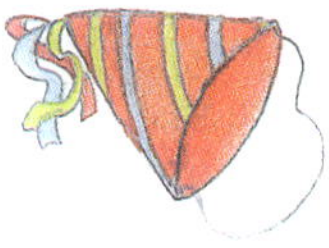

party hat
Partyhut

Sherlock-McSchnuff-Tipp

All – many – a lot of ...
Alle – viele – eine Menge ...
Diese Wörter solltest du dir gut merken, die kannst du immer wieder brauchen! Schau dir doch die Sätze noch einmal an, in denen sie vorkommen!

HAPPY BIRTHDAY

Alles Gute zum Geburtstag

plate
Teller

presents
Geschenke

confetti
Konfetti

glasses
Gläser

fork
Gabel

spoon
Löffel

napkins
Servietten

bows
Schleifen

cake
Kuchen

knife
Messer

My Classroom

There is a lot to do.
Es gibt viel zu tun.

I write my name.
Ich schreibe meinen Namen.

I read a book.
Ich lese ein Buch.

I study.
Ich lerne.

I draw stars.
Ich zeichne Sterne.

I can count to ten.
Ich kann bis zehn zählen.
One, two ...

I play the flute.
Ich spiele Flöte.

Sherlock-McSchnuff-Aufgabe

Kannst du auf Englisch bis zehn zählen?
Sprich die Zahlen laut vor. Wenn du die Zahlen noch nicht kennst, dann wirf doch schon mal einen Blick auf die nächsten Seiten in diesem Buch!

My Classroom

Left or right?
Links oder rechts?

The teacher writes with his left hand.
Der Lehrer schreibt mit seiner linken Hand.

The blonde girl writes with her right hand.
Das blonde Mädchen schreibt mit seiner rechten Hand.

The wastepaper basket stands on the left side.
Der Papierkorb steht auf der linken Seite.

The ball lies on the right side.
Der Ball liegt auf der rechten Seite.

Sally stands to David's right.
Sally steht rechts von David.

David paints with his left hand.
David malt mit seiner linken Hand.

The girl with the red skirt counts with both hands.
Das Mädchen mit dem roten Rock zählt mit beiden Händen.

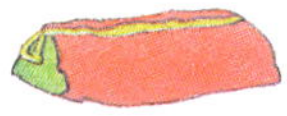

pencil case
Mäppchen

schoolbag
Schultasche

dictionary
Wörterbuch

pen
Füller

Sherlock-McSchnuff-Aufgabe

Mit welcher Hand schreibst du? Und was ist mit den anderen in deiner Klasse? Kannst du das auf Englisch sagen?
Versuch es mal: **I write with my … hand. My friend …**

Mein Klassenzimmer

pupil
Schülerin

chalkboard
Tafel

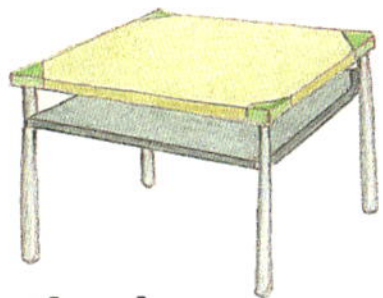

desk
Schreibtisch

teacher
Lehrer

language
Sprache

history and geography
Geschichte und Erdkunde

pencil
Bleistift

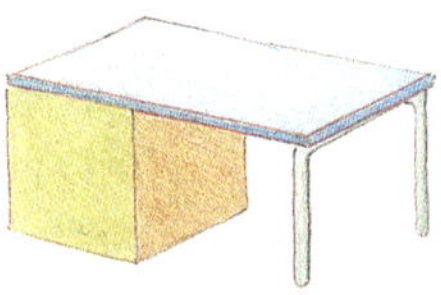

teacher's desk
Lehrerpult

rubber
Radiergummi

science
Naturwissenschaften

arithmetic
Rechnen

drawing
Zeichnen

music
Musik

Numbers – Zahlen

1
one
eins

tortoise
Schildkröte

2
two
zwei

elephants
Elefanten

3
three
drei

apricots
Aprikosen

4
four
vier

pencils
Bleistifte

5
five
fünf

fish
Fische

6
six
sechs

flowers
Blumen

7
seven
sieben

sweets
Bonbons

8
eight
acht

bells
Glocken

9
nine
neun

cherries
Kirschen

10
ten
zehn

brushes
Pinsel

Sherlock-McSchnuff-Aufgabe

Do these exercises:
Mach diese Übungen:

$1 + 3 = 4$

One plus three equals …
Eins plus drei ist …

$6 : 2 = 3$

Six divided by two equals …
Sechs geteilt durch zwei ist …

$2 \times 5 = 10$

Two times five equals …
Zwei mal fünf ist …

$8 - 7 = 1$

Eight minus seven equals …
Acht minus sieben ist …

Time – Zeit

Look at the time!
Schau, wie spät es ist!

It's seven fifteen.
Es ist sieben Uhr fünfzehn.

☐ **true** richtig ☐ **false** falsch

It's a quarter past six.
Es ist Viertel nach sechs.

☐ **true** richtig ☐ **false** falsch

It's ten to one.
Es ist zehn vor eins.

☐ **true** richtig ☐ **false** falsch

It's two o'clock.
Es ist zwei Uhr.

☐ **true** richtig ☐ **false** falsch

Inside My House

I look out of the window.
Ich schaue aus dem Fenster.

I play with my car.
Ich spiele mit meinem Auto.

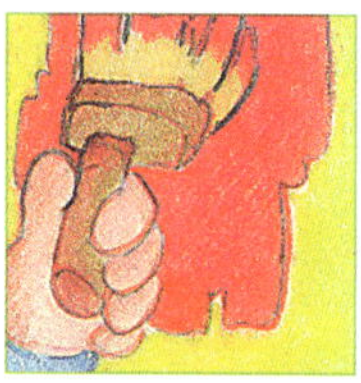

Let's paint the wall!
Streichen wir die Wand!

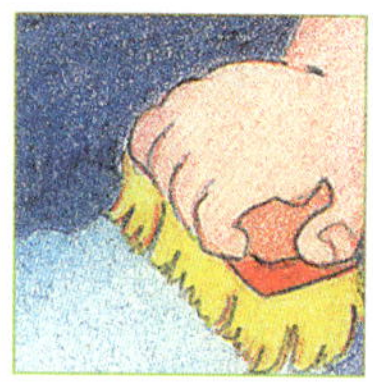

We clean the floor.
Wir putzen den Boden.

He switches on the TV.
Er schaltet den Fernseher an.

I decorate the walls.
Ich schmücke die Wände.

Sherlock-McSchnuff-Aufgabe

Wie viele Zimmer hat deine Wohnung? Und was für welche? Könntest du das einem englischen Freund erklären? Bestimmt! Versuch es einfach mal:
Our place has ... rooms ...

Inside My House

Where is what?
Wo befindet sich was?

The bedroom is above the living room.
Das Schlafzimmer ist über dem Wohnzimmer.

The chimney is above the bedroom.
Der Kamin ist über dem Schlafzimmer.

The kitchen is below the bathroom.
Die Küche ist unter dem Badezimmer.

The bathroom is next to the bedroom.
Das Bad ist neben dem Schlafzimmer.

The toilet is above the bathroom and below the roof.
Das WC ist über dem Bad und unter dem Dach.

David's room is next to the bathroom.
Davids Zimmer ist neben dem Bad.

picture
Bild

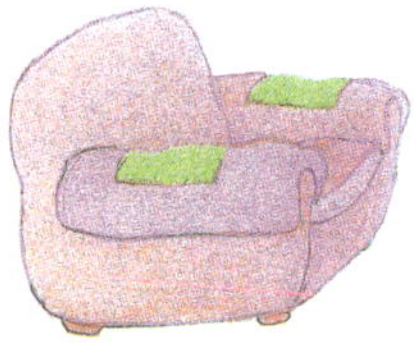

armchair
Sessel

lamp
Lampe

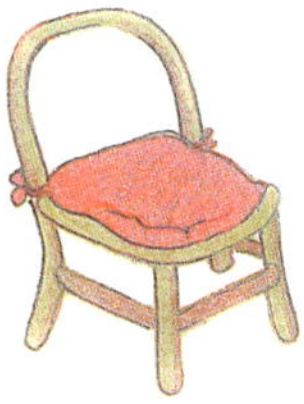

chair
Stuhl

Sherlock-McSchnuff-Aufgabe

Wenn du die letzte Aufgabe geschafft hast, wird diese kinderleicht. Versuch doch mal, einen Plan von deiner Wohnung aufzuzeichnen. Vielleicht helfen dir deine Eltern dabei. Den Plan könnt ihr dann mit den englischen Begriffen beschriften.

wardrobe
Kleiderschrank

curtain
Vorhang

bookcase
Bücherregal

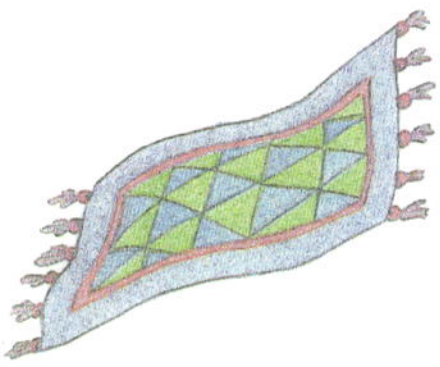

carpet
Teppich

mirror
Spiegel

bath-tub
Badewanne

table
Tisch

The Rooms
Die Zimmer

kitchen
Küche

bedroom
Schlafzimmer

bathroom
Badezimmer

living room
Wohnzimmer

hall
Flur

The Kitchen

refrigerator
Kühlschrank
shelf
Regal
stove
Herd
coffee maker
Kaffeemaschine
pot
Kanne
table
Tisch

Mummy cooks soup.
Mama kocht Suppe.

The girl drinks.
Das Mädchen trinkt.

I freeze water.
Ich friere Wasser ein.

I prepare the table.
Ich bereite den Tisch vor.

I eat an apple.
Ich esse einen Apfel.

We fry potatoes.
Wir braten Kartoffeln.

Sherlock-McSchnuff-Aufgabe

Das ist dir sicher schon aufgefallen: Wenn du über jemand anderen sprichst, hängst du im Englischen einfach ein „s" an das Tunwort.
I cook – ich koche wird zu **he cooks** – er kocht oder **she cooks –** sie kocht. Das gilt aber nur in der Einzahl, in der Mehrzahl bleibt alles gleich: **We cook.** – Wir kochen. **The girl and the boy cook** – Das Mädchen und der Junge kochen.
Versuche das mal mit allen Tunwörtern auf dieser Seite und schreibe auf Englisch:
Ich koche Suppe. Er friert Wasser ein. Sie isst einen Apfel. Ich trinke. Er bereitet den Tisch vor. Der Junge und das Mädchen braten Kartoffeln.

kitchen roll
Küchenrolle

saucepan
Kochtopf

It is Daddy's birthday.
Papa hat Geburtstag.

The children and mum prepare the party.
Die Kinder und Mama bereiten die Party vor.

They cook noodles in a big pot and fry potatoes in the frying pan.
Sie kochen Nudeln in einem großen Topf und braten in der Pfanne Kartoffeln.

rolling pin
Nudelholz

Robin is setting the table.
Robin deckt gerade den Tisch.

He needs a tablecloth, many plates, a lot of forks and knives, cups and saucers.
Er braucht eine Tischdecke, viele Teller, eine Menge Messer und Gabeln, Tassen und Untertassen.

The baby wants to drink milk.
Das Baby will Milch trinken.

The baby cannot eat noodles.
Das Baby kann keine Nudeln essen.

Now everything is ready for the party.
Jetzt ist alles bereit für die Party.

knife, fork and spoon
Messer, Gabel und Löffel

oven
Backofen

Sherlock-McSchnuff-Tipp

Oben steht **Robin is setting the table** und nicht **Robin sets the table**. Das heißt fast dasselbe. Die Form mit **is** und **-ing** besagt, dass er das gerade jetzt in diesem Augenblick macht. Du wirst immer wieder auf solche Formen stoßen, auch in diesem Buch. Also sollte man das wissen. Aber keine Sorge. In England wird es niemanden groß stören, wenn ihr statt **he is drinking** einfach **he drinks** sagt.

In the Kitchen
In der Küche

blender
Mixer

washing machine
Waschmaschine

refrigerator
Kühlschrank

frying pan
Bratpfanne

cup
Tasse

saucer
Untertasse

dishwasher
Spülmaschine

chopping board
Schneidebrett

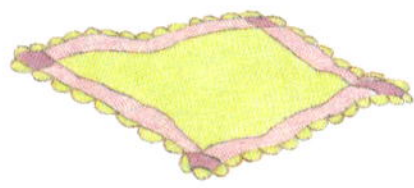

tablecloth
Tischtuch

My Room

lamp
Lampe

window
Fenster

terrible mess
fürchterliche
Unordnung

bed
Bett

doll
Puppe

picture
Bild

kite
Drachen

I build a castle.
Ich baue eine Burg.

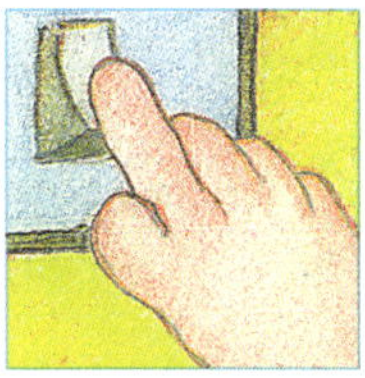

I switch off the light.
Ich schalte das Licht aus.

I do not tidy up very often.
Ich räume nicht sehr oft auf.

I have to rest.
Ich muss mich ausruhen.

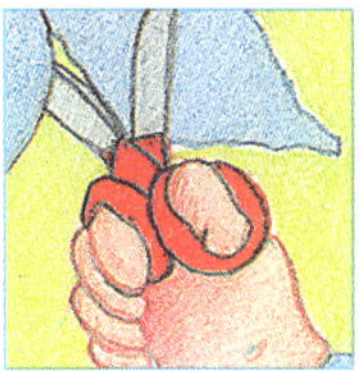

I cut a sheet of paper.
Ich schneide ein Blatt Papier.

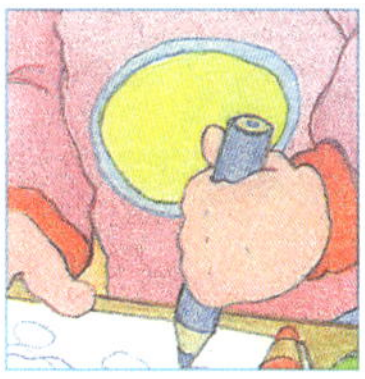

We paint a picture.
Wir malen ein Bild.

Sherlock-McSchnuff-Tipp

I cut heißt also „ich schneide“ und **not** heißt „nicht“. Allerdings heißt „ich schneide nicht“ nicht etwa **I cut not** (das müsst ihr gleich wieder vergessen!).
Es heißt **I do not cut**. Wörtlich bedeutet das zwar „ich tue nicht schneiden“ und hört sich auf Deutsch ganz grässlich an, auf Englisch ist das aber die einzig richtige Form. Deswegen heißt es oben auch **I do not tidy up very often**. Ich hoffe, das gilt nicht für dich!

A little problem
Ein kleines Problem

In my room there is a terrible mess.
In meinem Zimmer ist eine schreckliche Unordnung.

My mum wants me to tidy up every day.
Meine Mama will, dass ich jeden Tag aufräume.

Every day? That is way too much.
Jeden Tag? Das ist zu viel.

Once a week is enough.
Einmal in der Woche ist genug.

More than enough.
Mehr als genug.

Only when my friends come, they leave chaos behind.
Wenn allerdings meine Freunde kommen, hinterlassen sie ein Chaos.

But they come almost every day.
Sie kommen aber fast jeden Tag.

draughts
Dame

chess
Schach

cards
Karten

monopoly
Monopoly

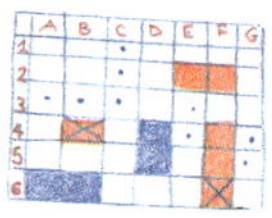
battleship
Schiffe versenken

Sherlock-McSchnuff-Übung

Oben findest du viele wichtige Wörter. Besonders viel anfangen kann man mit **enough** – genug, **much** – viel, **too much** – zu viel, **almost** – fast, **more than** – mehr als. Die kann man auch gut miteinander verbinden oder auch mit **not** – nicht, kombinieren. Versuch mal, in die folgenden Sätze die passenden Wörter einzufügen.
Meine Hausaufgaben sind ...
My homework is ... (almost enough, not enough, more than enough, too much)
Ein Bad pro Monat ist ...
One bath per month is ... (more than enough, too much, not enough)

With my friend I play ...
Mit meinem Freund spiele ich ...

catch
Fangen

catch the ball
Bälle fangen

hide and seek
Verstecken

I like ...
Ich mag ...

jigsaw puzzles
Puzzles

board games
Brettspiele

toy trains
Spielzeug-eisenbahnen

video games
Videospiele

dolls
Puppen

The Garden

shed
Gartenhütte

tree
Baum

vegetable patch
Gemüsebeet

barbecue
Grill

lawn
Rasen

marbles
Murmeln

Der Garten

I plant flowers.
Ich pflanze Blumen.

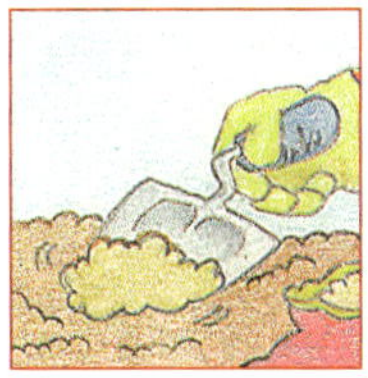

I fertilize the soil.
Ich dünge den Boden.

I water the plants.
Ich gieße die Pflanzen.

The flowers bloom.
Die Blumen blühen.

I prune the plant.
Ich beschneide die Pflanze.

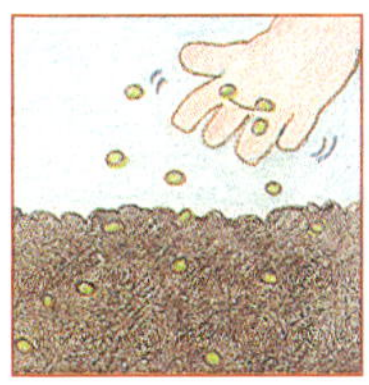

I sow grass.
Ich säe Rasen.

Sherlock-McSchnuff-Tipp

Dass die Mehrzahl gebildet wird, indem man „s“ an ein Wort hängt wie oben in **plant** und **plants,** ist euch sicher schon aufgefallen. Das ist ganz einfach und funktoniert bei 99,9 % der Wörter. Aber Vorsicht, es gibt ein paar Ausnahmen! Die Mehrzahl von **fish** ist zum Beispiel auch einfach **fish**. Wenn du dir das Buch genau durchliest, wirst du noch einige wenige Ausnahmen mehr finden!

The Garden

birds
Vögel

nest
Nest

watering can
Gießkanne

Jill: Dad, I want to help you in the garden.
Jill: Papa, ich will dir im Garten helfen.

Dad: That is nice. First we must plant some tulips and violets. Then you can water them.
Papa: Das ist schön. Zuerst müssen wir ein paar Tulpen und Veilchen einpflanzen. Dann kannst du sie gießen.

snail shell
Schneckenhaus

snail
Schnecke

cricket
Grille

Jill: Where is the watering can?
Jill: Wo ist die Gießkanne?

Dad: It is behind the wheelbarrow.
Papa: Sie ist hinter der Schubkarre.

Jill: Ugh! There are snails everywhere!
Jill: Igitt! Da sind überall Schnecken!

Sherlock-McSchnuff-Übung

Wenn man etwas haben oder machen will, gibt es mehrere Möglichkeiten – genau wie im Deutschen. Man kann sagen **I want** – ich will oder, etwas höflicher, **I would like** – ich würde gerne. Wenn dann ein Tunwort folgt, muss man auf Englisch das Wörtchen **to** dazwischensetzen.
Beispiel:
Ich will Eis. → Ich will Eis essen.
I want icecream. → I want to eat icecream.
Probier das auch mal mit den folgenden Sätzen:
Ich hätte gerne Tee. → Ich würde gerne Tee trinken.
I would like tea. (drink) → ....
Ich will ein Stück Kuchen. → Ich will ein Stück Kuchen haben.

wheelbarrow
Schubkarre

drinks
Getränke

kebab
Fleischspieß

ember
Glut

barbecue
Grill

vegetable garden
Gemüsegarten

hose
Schlauch

letter box
Briefkasten

meadow
Wiese

Some flowers:
Einige Blumen:

rose
Rose

tulip
Tulpe

daisy
Gänseblümchen

sunflower
Sonnenblume

violet
Veilchen

carnation
Nelke

Colours – Farben

white
weiß

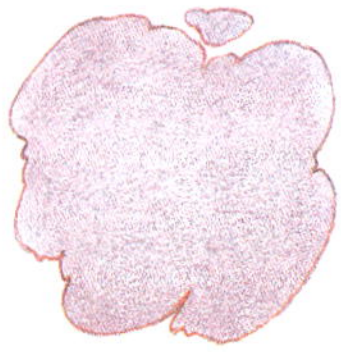

pink
rosa

yellow
gelb

orange
orange

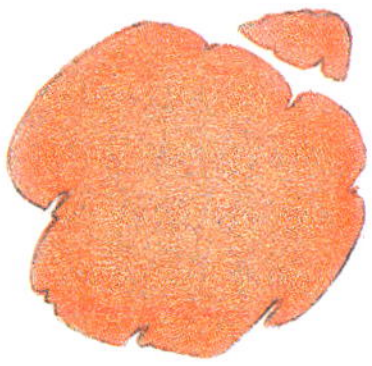

red
rot

green
grün

light blue
hellblau

blue
blau

violet
violett

brown
braun

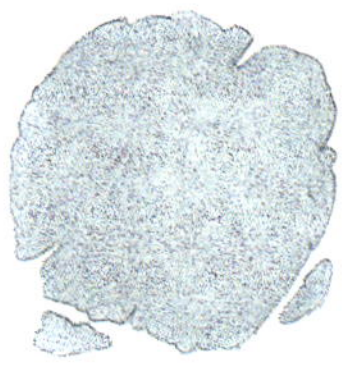

grey
grau

black
schwarz

Sherlock-McSchnuff-Aufgaben

Colour these drawings:
Male diese Zeichnungen farbig an:

These apples are red.
Diese Äpfel sind rot.

The pig is pink.
Das Schwein ist rosa.

The frog is green.
Der Frosch ist grün.

This T-shirt is blue.
Dieses T-Shirt ist blau.

Opposites and Shapes – Gegensätze und Formen

tall
hoch

small
niedrig

fat
fett

thin
dünn

young
jung

old
alt

full
voll

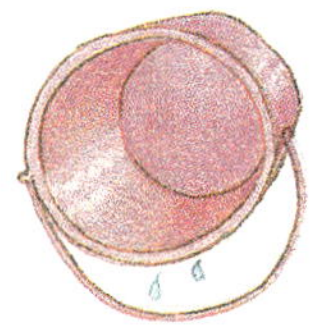

empty
leer

big
groß

small
klein

hot
heiß

cold
kalt

triangle
Dreieck

cube
Würfel

circle
Kreis

sphere
Kugel

rectangle
Rechteck

square
Quadrat

cone
Kegel

cylinder
Zylinder

Match the colours:
Verbinde die Farben:

pyramid
Pyramide

The Town

smoke Rauch
chimney Kamin
building Gebäude
roadworks Bauarbeiten
bus Bus
fence Zaun
playground Spielplatz

The taxi is moving fast.
Das Taxi bewegt sich schnell voran.

The man is working hard.
Der Mann arbeitet hart.

We cross the street.
Wir überqueren die Straße.

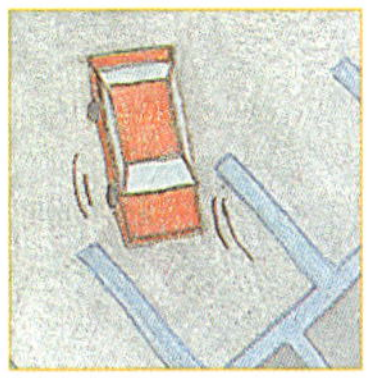

Here we can park.
Hier können wir parken.

I drive home.
Ich fahre nach Hause.

The policeman whistles.
Der Polizist pfeift.

Sherlock-McSchnuff-Tipp

Bei den Tunwörtern macht es meistens keinen Unterschied, ob es Einzahl oder Mehrzahl ist.
I drive home. – Ich fahre nach Hause.
We drive home. – Wir fahren nach Hause.
Einen Unterschied gibt es aber bei ich bin – **I am** und wir sind – **we are**. Wenn ich die Form mit **-ing** benutze, würde es also heißen:
I am driving home. – Ich fahre (gerade) nach Hause.
We are driving home. – Wir fahren (gerade) nach Hause.

The Town

Janet's aunt lives in a big town.
Janets Tante lebt in einer Großstadt.

They are walking to the playground.
Sie laufen zum Spielplatz.

There is much traffic.
Es gibt viel Verkehr.

Many cars are driving on the streets.
Viele Autos fahren auf den Straßen.

Pedestrians must walk on the pavement.
Fußgänger müssen auf dem Bürgersteig gehen.

Suddenly it becomes even louder.
Auf einmal wird es noch viel lauter.

I see, there is a man working with a jackhammer.
Ach so, da arbeitet ein Mann mit dem Presslufthammer.

sign
Schild

road sign
Verkehrsschild

whistle
Trillerpfeife

gutter
Regenrinne

number plate
Nummernschild

Sherlock-McSchnuff-Tipp

Wenn man auf Englisch ausdrücken will, wem etwas gehört oder zu wem etwas gehört, macht man es ähnlich wie auf Deutsch: Man hängt ein **-s** an. Auf Englisch fügt man allerdings einen Apostroph ein: **Janet's aunt**, auf Deutsch heißt es ohne Apostroph Janets Tante. Viele schreiben auch auf Deutsch den Apostroph ', aber das ist eigentlich Quatsch!
Aber Vorsicht: 's kann auch etwas anderes bedeuten. Zum Beispiel kann es für **is** – ist stehen: **My name's Janet. = My name is Janet.**
Oder für **us** – uns: **Let's go! = Let us go!** – Lass uns gehen!

Can I help you?
Kann ich Ihnen helfen?

Can you tell me where the park is?
Können Sie mir sagen, wo der Park ist?

traffic policeman
Verkehrspolizist

manhole
Gully

jackhammer
Presslufthammer

smoke
Rauch

chimney
Kamin

house number
Hausnummer

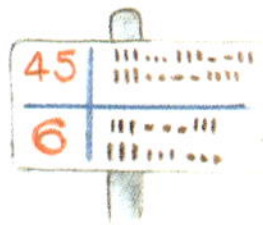

bus stop
Bushaltestelle

Excuse me, where's River Street?
Entschuldigung, wo ist die River Street?

Go to the second crossroad.
Gehen Sie bis zur zweiten Kreuzung.

Excuse me, where can I find a bank?
Entschuldigung, wo kann ich eine Bank finden?

It's down there, at the next corner.
Da drüben, an der nächsten Ecke.

In the town you can see:
In der Stadt siehst du:

pedestrian crossing
Zebrastreifen

pavement
Bürgersteig

traffic lights
Ampel

crossroad
Kreuzung

ramp
Rampe

parking space
Parkplatz

The Farm

stable
Stall

geese
Gänse

fodder
Futter

rake
Rechen

calf
Kalb

milk churn
Milchkanne

saw
Säge

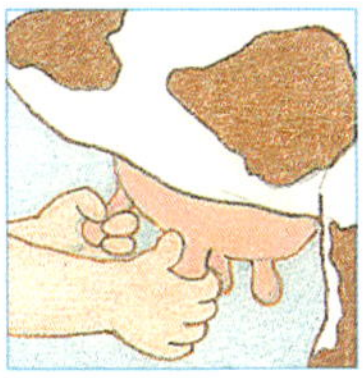

She milks the cows.
Sie melkt die Kühe.

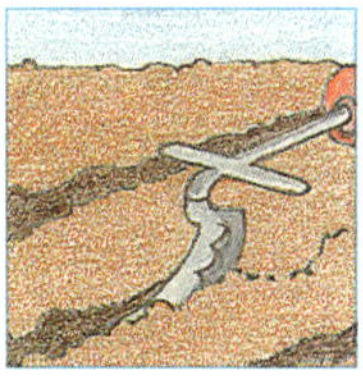

He ploughs his fields.
Er pflügt seine Felder.

The hen hatches her eggs.
Die Henne brütet ihre Eier aus.

He hoes the patch.
Er hackt das Beet.

I pick some flowers.
Ich pflücke ein paar Blumen.

We water our garden.
Wir bewässern unseren Garten.

Sherlock-McSchnuff-Tipp

Mein und dein
In den Sätzen oben kommt es schon öfter vor, hier hast du es noch einmal im Überblick:

Einzahl	Mehrzahl
mein – **my**	unser – **our**
dein – **your**	euer – **your**
sein – **his**	ihr – **their**
ihr – **her**	
sein – **its**	

Wenn du das Buch durchblätterst, wirst du diese Wörter häufig finden!

The Farm

Janet is visiting her grandparents on their farm.
Janet besucht ihre Großeltern auf deren Bauernhof.

There is always a lot to do.
Dort gibt es immer viel zu tun.

Grandfather must plough the fields.
Großvater muss die Felder pflügen.

Grandmother must milk the cows and feed the hens every day.
Großmutter muss jeden Tag die Kühe melken und die Hühner füttern.

Janet likes to feed the cows and to take care of the horses.
Janet füttert gern die Kühe und kümmert sich gern um die Pferde.

Her cousin likes to watch the ducks and hens.
Ihre Cousine schaut sich gern die Enten und die Hühner an.

The hens are hatching their eggs.
Die Hennen brüten ihre Eier aus.

But some of them we eat for breakfast.
Aber ein paar davon gibt es zum Frühstück.

Sherlock-McSchnuff-Übung

Es gibt Sachen, die möchte man tun und es gibt Sachen, die muss man tun – nicht nur auf dem Bauernhof. Dreh das in den Sätzen oben mit **must** – müssen und **like to** – mögen doch einfach mal um. Beispiel:
Großvater muss die Felder pflügen. → Großvater möchte die Felder pflügen.
Grandfather must plough the fields. → Grandfather likes to plough the fields.

On the farm you can see:
Auf dem Bauernhof siehst du:

cow
Kuh

dog
Hund

horse
Pferd

duck
Ente

cat
Katze

hen
Henne

goose
Gans

bee
Biene

hamster
Hamster

rabbit
Kaninchen

The Supermarket

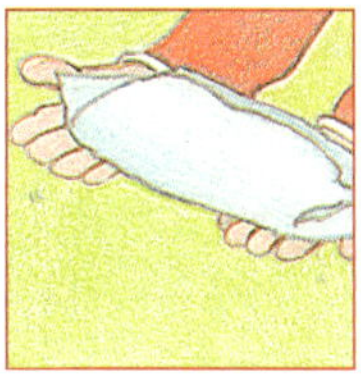

"We like to serve you!"
„Wir bedienen Sie gerne!“

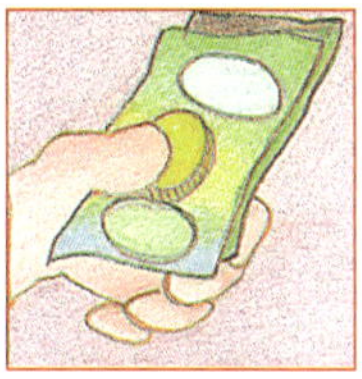

I pay with notes.
Ich bezahle mit Scheinen.

She would like to buy everything.
Sie würde gerne alles kaufen.

The man sells bread.
Der Mann verkauft Brot.

It weighs one and a half kilos.
Es wiegt anderthalb Kilo.

He pushes the trolley through the supermarket.
Er schiebt den Wagen durch den Supermarkt.

Sherlock-McSchnuff-Tipp

Sie sind dir schon tausendmal begegnet, aber sicherheitshalber schauen wir uns die Fürwörter noch einmal zusammen an:
Ich – **I**
du – **you**
er – **he**, sie – **she**, es – **it**
wir – **we**
ihr – **you**
sie – **they**

The Supermarket

Tom is pushing the shopping trolley.
Tom schiebt den Einkaufswagen.

Sally is weighing the tomatoes and the strawberries.
Sally wiegt die Tomaten und die Erdbeeren.

The supermarket sells everything we need, says Mum.
Im Supermarkt gibt es alles, was wir brauchen, sagt Mama.

A nice lady serves us at the cheese department.
In der Käseabteilung bedient uns eine nette Frau.

Sally whines: "The grapes look delicious. Let's buy some."
Sally quengelt: „Die Trauben sehen köstlich aus. Kaufen wir doch ein paar."

In the end we have plenty of food in our trolley.
Am Schluss haben wir jede Menge Lebensmittel in unserem Wagen.

We must pay at the check out.
Wir müssen an der Kasse bezahlen.

It costs 30 pounds.
Es kostet 30 Pfund.

Sherlock-McSchnuff-Aufgabe

Schau doch mal in euren Kühlschrank. Bestimmt kannst du schon für die meisten Sachen, die drin sind, die englischen Wörter nennen. Am besten, du nimmst dieses Buch mit. Auf der nächsten Seite stehen viele Wörter, die du dafür gut brauchen kannst!

Der Supermarkt

Transport

car
Auto

moped
Moped

motorbike
Motorrad

taxi
Taxi

train
Zug

bus
Bus

underground
U-Bahn

tram
Straßenbahn

Sherlock McSchnuff-Aufgaben

Trace, write and match:
Schreibe nach und verbinde:

The BOAT **crosses the …**

Das SCHIFF überquert den …

My dad drives the CAR **with the …**

Mein Vater lenkt das AUTO mit dem …

The TRAIN **runs rapidly along the …**

Der ZUG fährt schnell auf der …

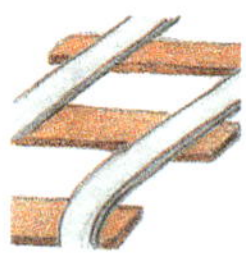

track
Schiene

river
Fluss

steering wheel
Lenkrad

Transport und Verkehr

bicycle
Fahrrad

boat
Schiff

barge
Binnenschiff

ferry
Fähre

cable railway
Seilbahn

chair lift
Sessellift

helicopter
Hubschrauber

plane
Flugzeug

Find the english words …
Finde die englischen Wörter …

tyre
Reifen

flag
Flagge

S	P	O	R	T	E	F
T	I	C	K	E	T	L
S	T	R	E	E	T	A
A	T	Y	R	E	T	G

street
Straße

port
Hafen

ticket
Ticket

On the Beach

sky
Himmel
cloud
Wolke
horizon
Horizont
lighthouse
Leuchtturm
shovel
Schaufel
bucket
Eimer
cooler bag
Kühltasche
air pump
Luftpumpe

I like to swim.
Ich schwimme gern.

He throws stones into the water.
Er wirft Steine ins Wasser.

I find it boring to fish.
Angeln finde ich langweilig.

She gets a tan.
Sie bräunt sich.

I dry myself.
Ich trockne mich ab.

I try to inflate the air-mattress.
Ich versuche, die Luftmatratze aufzublasen.

Sherlock-McSchnuff-Aufgabe

Nicht alles klappt auf Anhieb. Man muss es eben immer wieder versuchen. Schau dir zum Beispiel den letzten Satz noch einmal genau an: **I try to inflate the air-mattress**.
Bilde aus den folgenden Fürwörtern und Tunwörtern Sätze mit **try** – versuchen und sage sie laut vor.
Zum Beispiel:
swim, I → I try to swim.
fish, he; speak, we; walk, they; run, you; sleep, she

On the Beach

Jill: I like holidays. I take my swimsuit and my towel and go to the beach.
Jill: Ich mag Ferien. Ich nehme meinen Badeanzug und mein Handtuch und gehe an den Strand.

Sally: Don't forget the suncream!
Sally: Vergiss die Sonnencreme nicht!

Jill: Mum is bringing the beach umbrella and the suncream.
Jill: Mama bringt den Sonnenschirm und die Sonnencreme mit.

swimsuit
Badeanzug

Sally: Can you inflate the water wings for me, Mum?
Sally: Kannst du mir die Schwimmflügel aufblasen, Mama?

Mum: Yes, I can.
Mama: Ja, mache ich.

Dad: I like to fish over there. Please don't throw stones in the water, Sally.
Papa: Ich möchte da drüben angeln. Bitte wirf keine Steine ins Wasser, Sally.

Sally: Okay, I go and buy some ice-cream.
Sally: Okay, ich gehe Eis kaufen.

Sherlock-McSchnuff-Tipp

Im Kapitel My room, hast du gelernt, wie man Sätze mit **do not** verneinen kann. Wie du im Gespräch oben lesen kannst, verwendet man meistens statt **do not** die verkürzte Form **don't**, die genau dasselbe bedeutet.

Am Strand

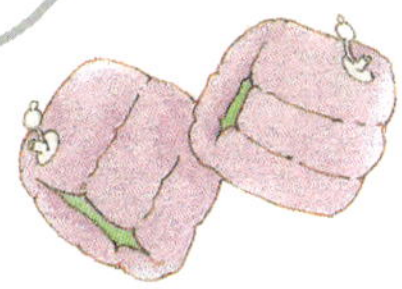

water wings
Schwimmflügel

beach umbrella
Sonnenschirm

sand
Sand

bucket
Eimer

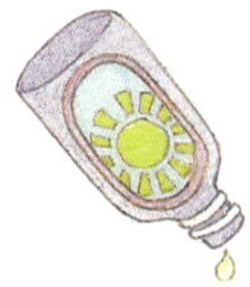

suncream
Sonnencreme

ice-cream
Eis

ice lolly
Eis am Stiel

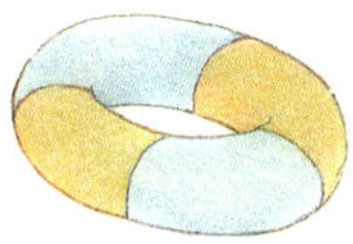

rubber ring
Schwimmreifen

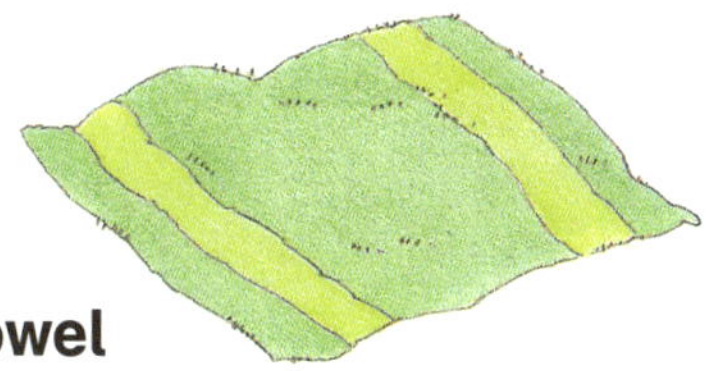

towel
Handtuch

The Mountains

peak
Gipfel

snow
Schnee

village
Dorf

hut
Hütte

valley
Tal

stream
Bach

meadow
Wiese

flowers
Blumen

Skiing is faster than …
Ski laufen ist schneller als …

It is difficult to clamber.
Es ist schwierig zu klettern.

… walking.
… gehen.

The sheep graze on the meadow.
Die Schafe grasen auf der Wiese.

It is hard to climb.
Bergsteigen ist anstrengend.

I admire the view.
Ich bewundere die Aussicht.

Sherlock-McSchnuff-Aufgabe

Leicht und schwer …
… heißen auf Englisch **easy** und **difficult** (statt **difficult** kann man aber meistens auch **hard** benutzen).
Es ist schwierig zu klettern – es ist leicht, mit der Seilbahn zu fahren.
It is difficult to clamber – it is easy to go by cable railway.
Was findest du schwer oder leicht?

It is easy to …
It is difficult to …

… learn English, tidy up my room, cook food, climb a tree, write my name, watch TV, play football

The Mountains

On a summer day the meadows in the valley are green.
An einem Sommertag sind die Wiesen im Tal grün.

There are many flowers.
Es gibt viele Blumen.

But on the peaks of the mountains there is snow and ice, even in summer.
Aber auf den Berggipfeln liegen Schnee und Eis, sogar im Sommer.

At daytime you can wear T-shirts.
Tagsüber kann man T-Shirts tragen.

But at night it gets very cold.
Aber nachts wird es sehr kalt.

You need a good sleeping bag.
Man braucht einen guten Schlafsack.

tent
Zelt

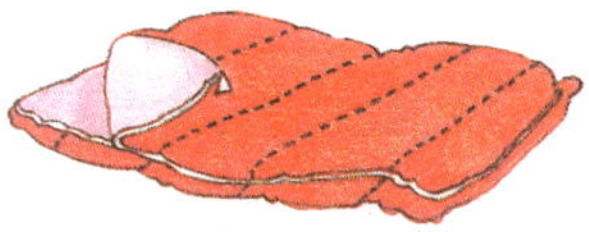

sleeping bag
Schlafsack

Sherlock-McSchnuff-Tipp

There is heißt wörtlich „dort ist" und **there are** heißt wörtlich „dort sind". Meistens hat es aber die Bedeutung „es gibt".
There is no snow on this mountain.
Auf diesem Berg gibt es keinen Schnee.
There are ten girls in this class.
In dieser Klasse gibt es zehn Mädchen.

I'm spending my holidays in the mountains.
Ich verbringe meine Ferien in den Bergen.

climber
Bergsteiger

path
Weg

grass
Gras

waterfall
Wasserfall

view
Blick

boots
Wanderstiefel

backpack
Rucksack

mountain hut
Berghütte

Where are you going on holiday?
Wohin fährst du in den Urlaub?

I'm going to the mountains.
Ich gehe in die Berge.

I'm very pleased to see you! How are you?
Ich freue mich sehr, dich zu sehen! Wie geht es dir?

I'm very well, thank you!
Es geht mir sehr gut, danke.

I'm very happy!
Ich bin sehr glücklich!

Look at the leaves:
Sieh dir die Blätter an:

fir
Tanne

oak
Eiche

beech
Buche

poplar
Pappel

The Weather – Das Wetter

Sherlock-McSchnuff-Aufgaben

What's the weather like today?
Wie ist das Wetter heute?

It's windy.
Es ist windig.

☐ **true** richtig ☐ **false** falsch

It's raining.
Es regnet.

☐ **true** richtig ☐ **false** falsch

It's snowing.
Es schneit.

☐ **true** richtig ☐ **false** falsch

It's sunny.
Es ist sonnig.

☐ **true** richtig ☐ **false** falsch

The Calendar – Der Kalender

The twelve months of the year:
Die zwölf Monate des Jahres:

January
Januar

February
Februar

March
März

April
April

May
Mai

June
Juni

July
Juli

August
August

September
September

October
Oktober

November
November

December
Dezember

The seven days of the week:
Die sieben Tage der Woche:

Monday	**Tuesday**	**Wednesday**	**Thursday**	**Friday**	**Saturday**	**Sunday**
Montag	Dienstag	Mittwoch	Donnerstag	Freitag	Samstag	Sonntag

Which season is it?
Welche Jahreszeit ist es?

autumn
Herbst

summer
Sommer

spring
Frühling

winter
Winter

The Aquarium

I watch the fish.
Ich betrachte die Fische.

He checks the temperature.
Er kontrolliert die Temperatur.

We visit the aquarium.
Wir besuchen das Aquarium.

We go out.
Wir gehen hinaus.

He dives with an oxygen bottle.
Er taucht mit einer Sauerstoffflasche.

You go in.
Du gehst hinein.

Sherlock-McSchnuff-Aufgabe

Viele von den Tieren auf dem Bild links findest du auf der nächsten Doppelseite. Dort kannst du ihre Namen nachschlagen. Welche davon findest du auf dem Bild links und welche nicht? Versuch es mal auf Englisch zu sagen:
Auf dem Bild ist eine Robbe.
On the picture there is a seal.
Aber:
Auf dem Bild ist kein Pinguin.
On the picture there is no penguin.

The Aquarium

It's a rainy sunday.
Es ist ein regnerischer Sonntag.

What can we do?
Was kann man da tun?

Let's visit the aquarium!
Besuchen wir doch das Aquarium!

David: I want to watch the big shark and the rays.
David: Ich will mir den großen Hai und die Rochen anschauen.

Janet: I want to see the dolphins and the seals.
Janet: Ich will die Delfine und die Robben sehen.

David: But there are humans, too! Look, there is a man diving next to the sharks!
David: Aber hier sind auch Menschen! Sieh nur, da taucht ein Mann neben den Haien!

Dad: Don't worry. He works here.
Papa: Keine Sorge, der arbeitet hier.

David: I see.
David: Verstehe.

Sherlock-McSchnuff-Tipp

Dass die Mehrzahl von **fish** auf Englisch auch **fish** ist, hast du schon gelernt. Es gibt allerdings auch **fishes**. Das heißt aber nicht „Fische", sondern „Fischarten".

Das Aquarium

At the aquarium you can see:
Im Aquarium siehst du:

dolphin
Delfin

ray
Rochen

octopus
Krake

shrimp
Garnele

seahorse
Seepferdchen

orca
Schwertwal

whale
Wal

seal
Robbe

shark
Hai

penguin
Pinguin

The Zoo

cage
Käfig

zoo keeper
Zoowärter

monkey
Affe

vulture
Geier

signpost
Wegweiser

seal
Robbe

animal keeper
Tierpfleger

plan
Plan

Well roared, lion!
Gut gebrüllt, Löwe!

You can stroll for hours.
Man kann stundenlang spazieren gehen.

It is allowed to take photos.
Fotografieren ist erlaubt.

I want to stroke the little monkey.
Ich möchte den kleinen Affen streicheln.

But it is forbidden to feed the animals.
Aber es ist verboten, die Tiere zu füttern.

The elephant can trumpet without a trumpet.
Der Elefant kann ohne Trompete trompeten.

Sherlock McSchnuff-Aufgabe

Wenn man etwas machen kann, ist es erlaubt, wenn man etwas nicht machen kann, ist es verboten. Zum Beispiel:
You can take photos → it is allowed to take photos.
You cannot feed the animals → it is forbidden to feed the animals.
Versuche das auch mal mit folgenden Wörtern. Ob es erlaubt oder verboten ist, kannst du selbst entscheiden:

Löwe, streicheln – **lion, stroke**
Gorilla, füttern – **gorilla, feed**
Tiger, ärgern – **tiger, tease**
Baby, füttern – **baby, feed**
Robben, anschauen – **seals, watch**

The Zoo

What you should know about animals.
Was du über Tiere wissen solltest.

Ostriches can roar loudly.
Strauße können laut brüllen.

Ducks trumpet through their long nose.
Enten trompeten durch ihre lange Nase.

Parrots hide their head in the sand.
Papageien verstecken ihren Kopf im Sand.

Rhinoceroses can imitate words.
Nashörner können Wörter nachmachen.

African elephants have huge ears.
Afrikanische Elefanten haben riesige Ohren.

Lions have a big horn on the nose.
Löwen haben ein großes Horn auf der Nase.

Elephants lay eggs.
Elefanten legen Eier.

lion
Löwe

ostrich
Strauß

parrot
Papagei

Sherlock-McSchnuff-Aufgabe

Ooops! Something went wrong.
Da oben ist etwas schiefgegangen. Ich fürchte, bei fast allen Sätzen ist etwas durcheinandergerutscht. Da musst du ran!
Welche Tiere brüllen laut? Und wer trompetet durch die lange Nase?
Wenn du alles richtig gemacht hast, ergeben die ersten Buchstaben der Sätze ein Lösungswort.

Lösungswort: Leopard

Der Zoo

At the zoo you can see:
Im Zoo siehst du:

elephant
Elefant

zebra
Zebra

tiger
Tiger

giraffe
Giraffe

gorilla
Gorilla

leopard
Leopard

kangaroo
Känguru

bear
Bär

crocodile
Krokodil

rhinoceros
Nashorn

snake
Schlange

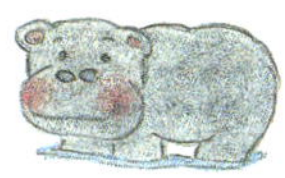

hippopotamus
Flusspferd

The Gym

schedule
Zeitplan

bottle
Trinkflasche

towel
Handtuch

changing room
Umkleide

splits
Spagat

sweat
Schweiß

Die Turnhalle

The girl is skipping.
Das Mädchen hüpft mit dem Seil.

He is busy pedaling.
Er tritt mächtig in die Pedale.

I am training every day.
Ich trainiere jeden Tag.

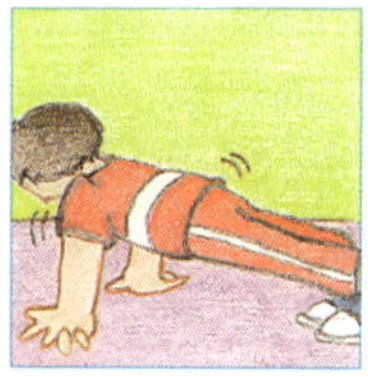

I can do 20 press-ups.
Ich kann 20 Liegestütze machen.

I am sweating.
Ich schwitze.

He can lift 60 kilos.
Er kann 60 Kilo heben.

Sherlock-McSchnuff-Tipp

In den Sätzen kommen auch größere Zahlen vor.
Die Zehnerzahlen auf Englisch sind ganz einfach:
20 twenty, 30 thirty, 40 forty, 50 fifty, 60 sixty, 70 seventy, 80 eighty, 90 ninety, 100 (one) hundred.
Die Zahlen bis neun werden einfach angehängt:
21 ist **twenty-one**, 63 ist **sixty-three**.
Die Zahlen von 11 bis 19 sind:
11 eleven, 12 twelve, 13 thirteen, 14 fourteen, 15 fifteen, 16 sixteen, 17 seventeen, 18 eighteen, 19 nineteen.

The Gym

David wants to train every day now.
David will jetzt jeden Tag trainieren.

He wears his new tracksuit and his favourite sneakers.
Er trägt seinen neuen Trainingsanzug und seine Lieblingsturnschuhe.

He has also got a towel, because he will sweat a lot.
Er hat auch ein Handtuch, denn er wird sehr schwitzen.

At first the trainer says: You have to pedal the ergometer for ten minutes. After that you can do press-ups. Then I will show you some karate.
Zuerst sagt der Trainer: Du musst zehn Minuten auf dem Ergometer fahren. Danach kannst du Liegestützen machen. Dann zeige ich dir ein wenig Karate.

Can I lift weights, too?
Kann ich auch Gewichte heben?

No, you are too young.
Nein, du bist zu jung.

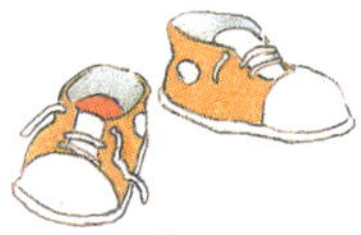

gym shoes
Turnschuhe

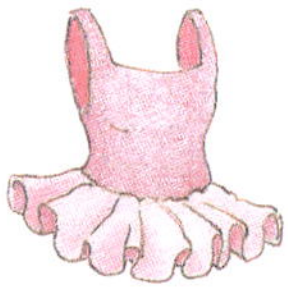

tutu
Ballettröckchen

David tries very hard, because the girl in the pink tutu smiles at him.
David strengt sich an, denn das Mädchen mit dem rosa Ballettröckchen grinst ihn an.

Sherlock-McSchnuff-Aufgabe

Versuch doch mal, wie viele Kniebeugen und Liegestütze du schaffst, und zähle dabei laut auf Englisch mit. Aber übertreibe es nicht, die Zahlen über hundert sind noch nicht drangekommen!

Die Turnhalle

Oh, I'm ready to start my exercises!
Ich bin bereit, mit dem Training anzufangen!

mat
Matte

trainer
Trainer

stopwatch
Stoppuhr

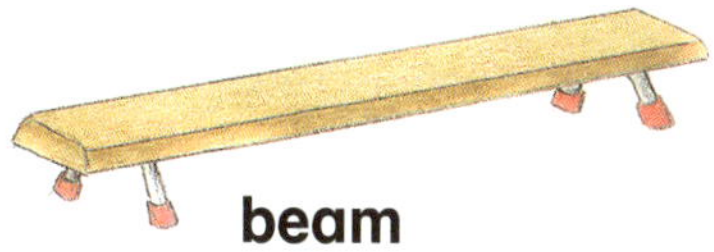

beam
Schwebebalken

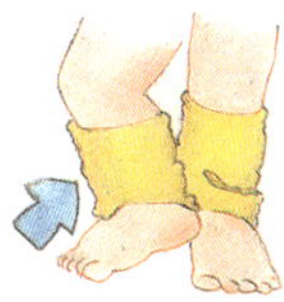

leg warmer
Beinwärmer

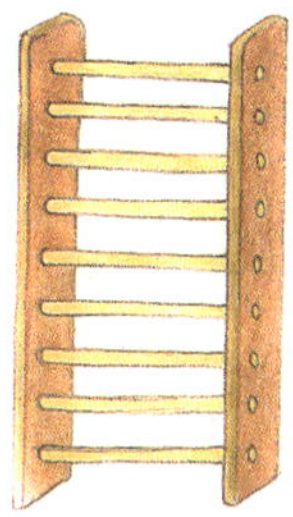

wall bars
Sprossenwand

bathrobe
Bademantel

weights
Gewichte

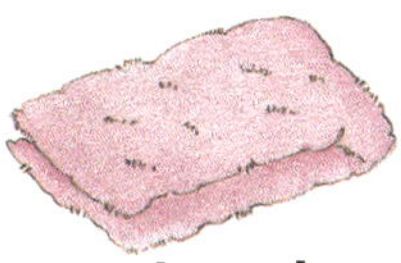

towel
Handtuch

tracksuit
Trainingsanzug

boxing gloves
Boxhandschuhe

ergometer
Ergometer

My favourite sport is gymnastics.
Meine Lieblingssportart ist Gymnastik.

What's your favourite sport?
Was ist deine Lieblingssportart?

Do you want to wrestle with me again?
Willst du noch einmal mit mir raufen?

I prefer to lift weights!
Ich mache lieber Gewichtheben.

No, I can't go on, I'm exhausted!
Nein, ich kann nicht weitermachen. Ich bin zu erschöpft.

Sports

football
Fußball

tennis
Tennis

cycling
Radfahren

basketball
Basketball

volleyball
Volleyball

swimming
Schwimmen

athletics
Leichtathletik

skiing
Ski laufen

Sherlock McSchnuff-Aufgaben

Complete these phrases and match:
Vervollständige diese Sätze und verbinde:

I use the __________ to play tennis.

Ich benutze den __________ zum Tennisspielen.

I jump the fence on my __________.

Ich springe mit meinem __________ über das Hindernis.

At the beach I wear an orange __________.

Am Strand trage ich einen orangen __________.

horse
Pferd

racket
Schläger

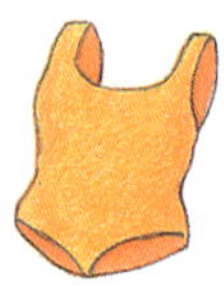

swimsuit
Badeanzug

Sportarten

motorcycling
Motorrad fahren

formula 1
Formel 1

gymnastics
Gymnastik

sailing
Segeln

rugby
Rugby

riding
Reiten

baseball
Baseball

skating
Rollschuhlaufen

Match the couples:
Verbinde die Paare:

helm
Ruder

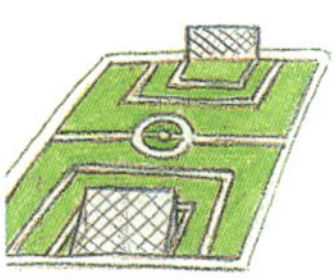

football pitch
Fußballfeld

fences
Hindernisse

football player
Fußballer

rider
Reiterin

sailor
Segler

The Cinema

curtain
Vorhang

screen
Leinwand

ticket
Eintrittskarte

popcorn
Popcorn

programme
Programm

The girl laughs.
Das Mädchen lacht.

This movie makes me cry.
Dieser Film bringt mich zum Weinen.

Sit down, please!
Hinsetzen, bitte!

It is hard to get up again.
Es ist schwer, wieder aufzustehen.

I listen to the song.
Ich höre mir das Lied an.

In the cinema it is forbidden to shout.
Im Kino ist es verboten zu rufen.

Sherlock-McSchnuff-Aufgabe

Was sind eigentlich deine Lieblingsfilme? Wenn englische oder amerikanische Filme oder Fernsehserien dabei sind, haben sie im Original oft ganz andere Titel als in der deutschen Fassung. Versuche einmal herauszubekommen, wie die Originaltitel lauten. Oft findet man sie in Fernsehzeitschriften. Schau doch mal mit deinen Eltern nach. Wenn ihr dort nichts findet, könnt ihr es im Internet versuchen, da werdet ihr garantiert fündig.

The Cinema

Shut up!
Halt die Klappe!

Our cinema has got a new sound system.
Unser Kino hat eine neue Soundanlage.

Now the sound is much louder and better.
Der Ton ist jetzt viel lauter und besser.

Thank God!
Gott sei Dank!

For my brother always eats Popcorn.
Denn mein Bruder isst immer Popcorn.

My friends chat all the time.
Meine Freundinnen unterhalten sich die ganze Zeit.

My Dad never switches off his mobile phone.
Mein Vater schaltet nie sein Handy aus.

How embarrassing is that!
Ist das peinlich!

movie projector
Filmprojektor

video camera
Videokamera

armchair
Sessel

Sherlock-McSchnuff-Tipp

Falls ihr mal eine gute DVD von einem englischen oder amerikanischen Film zu Hause habt, solltest du ruhig mal kurz in die Originalfassung reinschauen. Meistens kannst du dir dazu auch die deutschen Untertitel anzeigen lassen.

Attention please!
Are you ready?
Ich bitte um Aufmerksamkeit!
Seid ihr bereit?

loudspeaker
Lautsprecher

film
Film

emergency exit
Notausgang

lights
Beleuchtung

Look at the film:
Sieh dir den Film an:

Fairy Tale Characters

dragon
Drache

monster
Monster

gnome
Gnom

fairy
Fee

dwarves
Zwerge

giant
Riese

mermaid
Meerjungfrau

witch
Hexe

Sherlock-McSchnuff-Aufgaben

The little pigs are three.

Die kleinen Schweinchen sind drei.

☐ **true** richtig ☐ **false** falsch

The gnome lives in the castle.

Der Gnom lebt im Schloss.

☐ **true** richtig ☐ **false** falsch

The ghost is invisible.

Der Geist ist unsichtbar.

☐ **true** richtig ☐ **false** falsch

The king lives on a tree.

Der König lebt auf einem Baum.

☐ **true** richtig ☐ **false** falsch

Märchenfiguren

knight
Ritter

wolf
Wolf

wizard
Zauberer

pirate
Pirat

ogre
Ungeheuer

queen
Königin

prince
Prinz

princess
Prinzessin

Trace, write and match:
Schreibe nach und verbinde:

The DRAGON spits fire from its mouth.

Der DRACHE spuckt Feuer aus seinem Maul.

The WITCH flies on a magic broom stick.

Die HEXE fliegt auf einem Zauberbesen.

The Living Room

fireplace
Kamin

picture
Bild

birdcage
Vogelkäfig

blind man's buff
Blindekuh

dice
Würfel

indoor plant
Zimmerpflanze

I read the paper.
Ich lese die Zeitung.

May I offer you something?
Darf ich dir etwas anbieten?

I turn on the TV.
Ich schalte den Fernseher ein.

We chat.
Wir unterhalten uns.

Then I rest.
Dann ruhe ich mich aus.

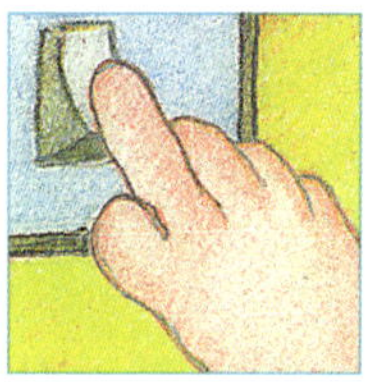

He turns off the light.
Er schaltet das Licht aus.

Sherlock-McSchnuff-Tipp

Einschalten – **turn on**, ausschalten – **turn off**. Das kannst du dir besonders gut merken, wenn du mal einen Blick auf die Elektrogeräte in deinem Haus wirfst. Viele davon werden einen **on**-Schalter zum Einschalten haben. Wenn sie Kippschalter oder Drehschalter haben, kann man sie auch oft zwischen **on** – an und **off** – aus verschieben.

The Living Room

remote control
Fernbedienung

Look, Robert is reading a book.
Sieh mal, Robert liest ein Buch.

Sally is resting next to the fire.
Sally ruht sich am Feuer aus.

Robin wants to play monopoly but Katharine turns on the TV.
Robin will Monopoly spielen, aber Katharine schaltet den Fernseher an.

Look, the cat is resting in the animal bed.
Sieh nur, die Katze liegt im Körbchen.

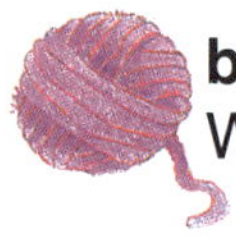

ball of wool
Wollknäuel

It is playing with the ball of wool.
Sie spielt mit dem Wollknäuel.

Robert's mother is offering cake to the children.
Roberts Mutter bietet den Kindern Kuchen an.

stereo system
Stereoanlage

Sherlock-McSchnuff-Aufgabe

In diesem Text kommen viele Formen mit **-ing** vor, weil jemand beschreibt, was er gerade in diesem Moment sieht.
Wandle diese Formen in die einfachen Formen um:
Beispiel: **Robert is reading a book. →**
Robert reads a book.

playing cards
Spielkarten

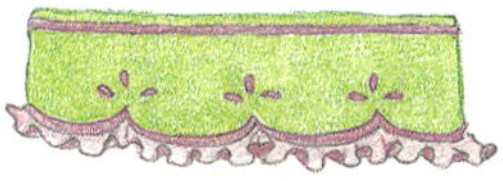

curtain
Vorhang

headset
Kopfhörer

doily
Deckchen

teapot
Teekanne

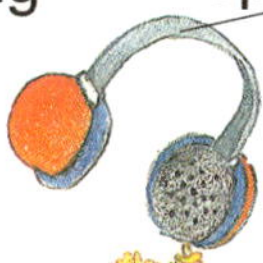

cups
Tassen

firewood
Feuerholz

flowerpot
Blumentopf

records
Schallplatten

bookmark
Lesezeichen

bulb
Glühbirne

coaster
Untersetzer

CD-player
CD-Player

magazine stand
Zeitungsständer

basket
Körbchen

ceiling lamp
Deckenlampe

fire
Feuer

pendulum clock
Pendeluhr

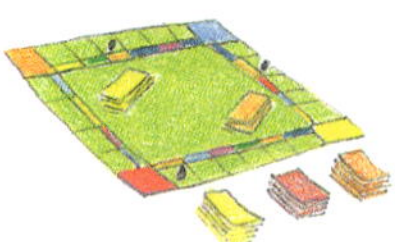

backrest
Rückenlehne

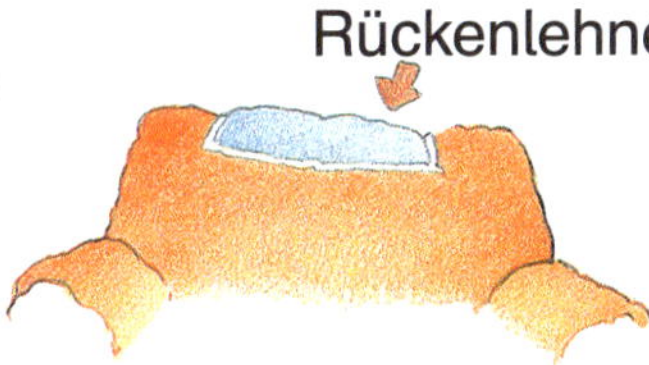

monopoly game
Monopolyspiel

sideboard
Anrichte

electric fan
Ventilator

In the living room you can find:
Im Wohnzimmer findest du:

armchair
Sessel

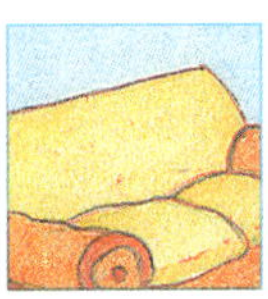

sofa
Sofa

TV
Fernsehgerät

carpet
Teppich

bookcase
Bücherregal

picture
Bild

The Bathroom

The girl brushes her hair.
Das Mädchen bürstet sich die Haare.

I have a shower.
Ich dusche mich.

I dry myself off.
Ich trockne mich ab.

How often do you brush your teeth?
Wie oft putzt du dir die Zähne?

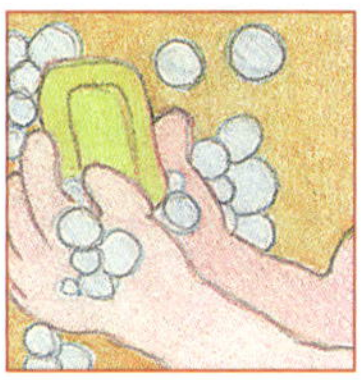

I wash my hands.
Ich wasche mir die Hände.

Daddy shaves every morning.
Papa rasiert sich jeden Morgen.

Sherlock-McSchnuff-Tipp

Hier ist ein kleines Gedicht, das du auswendig lernen kannst:

My Tooth
My tooth fell out and left a space
So big my tongue can touch my face,
And every time I smile I show
The place where something used to grow.
I miss my tooth as you can guess
But now I have to brush one less!

Mein Zahn
Mein Zahn fiel aus und ließ eine Lücke
So groß, dass ich mit der Zunge mein Gesicht berühren kann,
Und jedes Mal wenn ich lächle, zeige ich
Den Platz, wo mal etwas gewachsen ist.
Mein Zahn, der fehlt mir, das kannst du mir glauben,
Doch dafür muss ich jetzt einen weniger putzen.

The Bathroom

Sherlock-McSchnuff-Aufgabe

Vergleiche die folgenden Sätze mit dem Bild auf der vorigen Doppelseite. Stimmt das, was hier steht?

Only little babies play with rubber ducks in the bath.
Nur kleine Babys spielen in der Wanne mit Gummienten.

☐ **true** wahr ☐ **false** falsch

All children take off their shoes before bathing.
Alle Kinder ziehen vor dem Baden die Schuhe aus.

☐ **true** wahr ☐ **false** falsch

The girl on the left has got a blue hairbrush.
Das Mädchen links hat eine blaue Bürste.

☐ **true** wahr ☐ **false** falsch

There is no more toilet paper left.
Das Klopapier ist alle.

☐ **true** wahr ☐ **false** falsch

The girl on the right has got a red towel.
Das Mädchen rechts hat ein rotes Handtuch.

☐ **true** wahr ☐ **false** falsch

Daddy's shaving brush is lying below the mirror.
Papas Rasierpinsel liegt unter dem Spiegel.

☐ **true** wahr ☐ **false** falsch

soap bubble
Seifenblase

bubble bath
Schaumbad

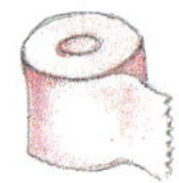

toilet paper
Toilettenpapier

rubber ducks
Gummienten

comb
Kamm

hairdryer
Föhn

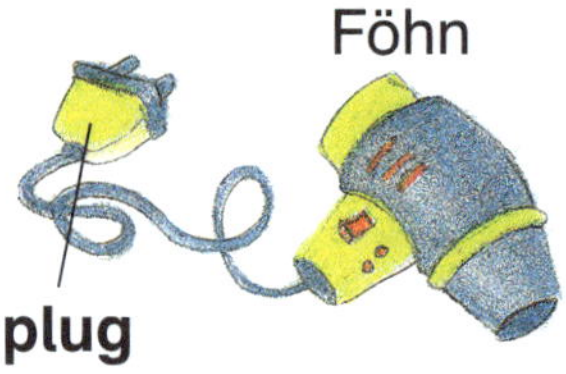

plug
Stecker

hairbrush
Haarbürste

bathrobe
Bademantel

tap
Wasserhahn

pyjamas
Schlafanzug

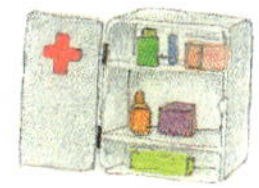

medicine cabinet
Arzneischrank

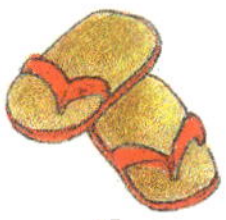

slippers
Hausschuhe

powder
Puder

moisturizer
Feuchtigkeitscreme

shaving brush
Rasierpinsel

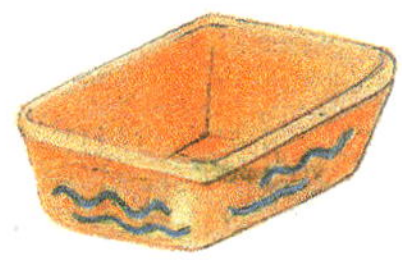

tub
Wanne

toilet tank
Spülkasten

mirror
Spiegel

razor
Rasierer

razor blades
Rasierklingen

bath salts
Badesalz

make-up
Schminke

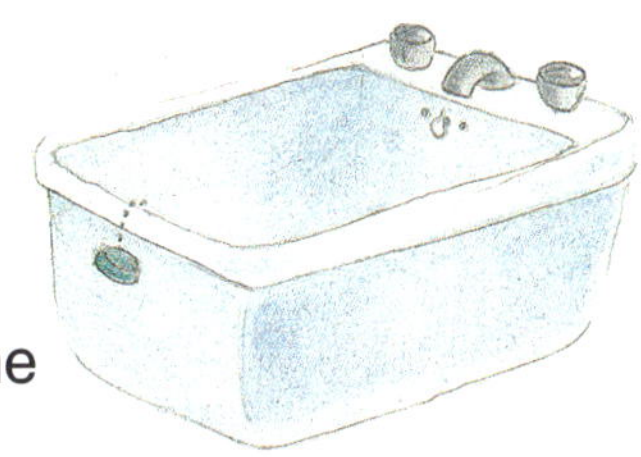

bath
Badewanne

shower
Dusche

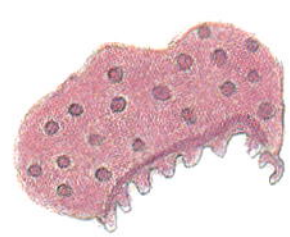

bathing cap
Bademütze

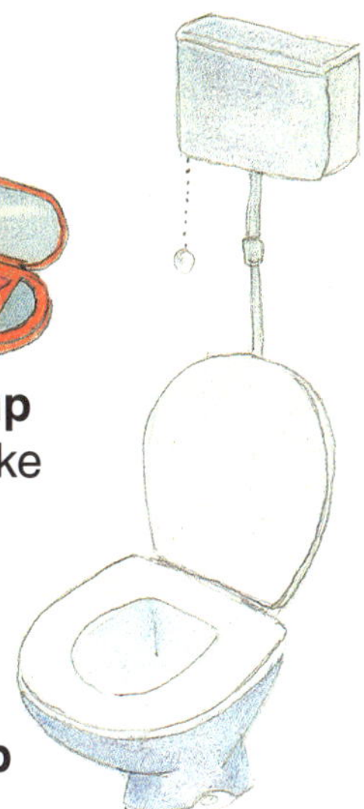

toilet
Toilette

In the bathroom you use:
Im Badezimmer benutzt du:

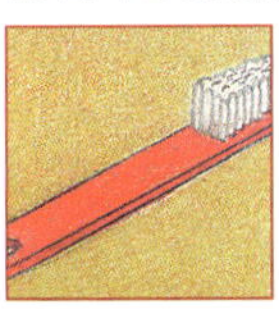

toothbrush
Zahnbürste

soap
Seife

shampoo
Shampoo

toothpaste
Zahnpasta

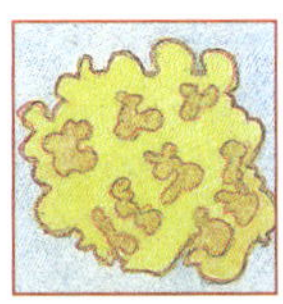

sponge
Schwamm

washcloth
Waschlappen

The Car Repair Shop

What does the mechanic do?
Was macht der Mechaniker?

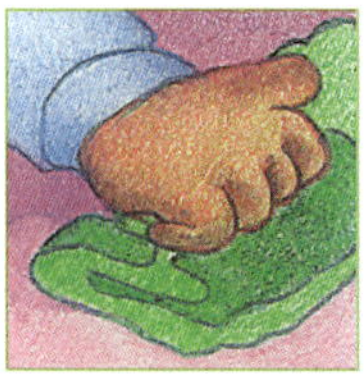

He waxes the lacquer.
Er wachst den Lack.

He repairs the engine.
Er repariert den Motor.

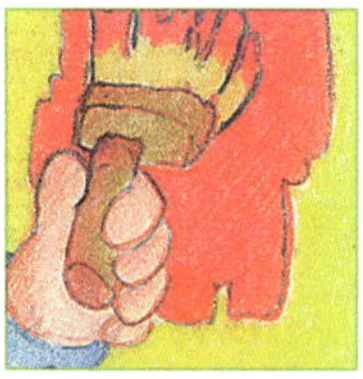

He lacquers the car.
Er lackiert das Auto.

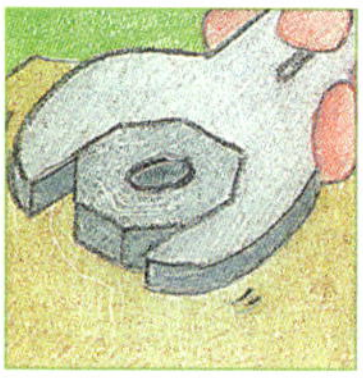

He fastens the nut.
Er zieht die Mutter fest.

He screws.
Er schraubt.

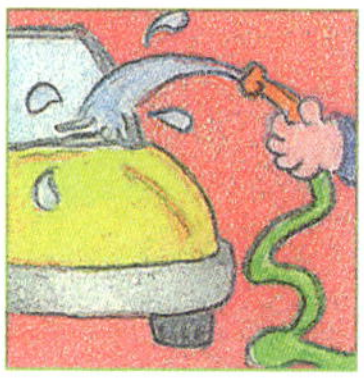

He sprays the car.
Er spritzt das Auto ab.

Sherlock-McSchnuff-Aufgabe

Habt ihr einen Werkzeugkasten im Haus? Wenn ja, dann wirf doch mal einen genauen Blick rein und sieh nach, was drin ist. Vergleiche es einmal mit den Wörtern von der nächsten Doppelseite. Bestimmt findest du etwas, was auch im Buch abgebildet ist!

The Car Repair Shop

Was Deutsch und Englisch gemeinsam haben:

Hauptwörter und Tunwörter sind sich manchmal zum Verwechseln ähnlich!

He saws with the saw.
Er sägt mit der Säge.

He nails the nails into the wall.
Er nagelt die Nägel in die Wand.

He lacquers the car with new lacquer.
Er lackiert den Wagen mit neuem Lack.

Then he waxes it with wax.
Dann wachst er ihn mit Wachs ein.

At last he polishes it with polish.
Zuletzt poliert er ihn mit Politur.

lacquer
Lack

polish
Politur

trowel
Kelle

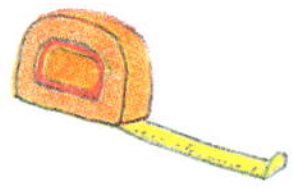

tape measure
Metermaß

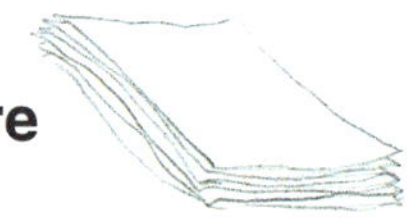

sheets of paper
Blätter

saw
Säge

spatula
Spachtel

Sherlock-McSchnuff-Tipp

Vorsicht, das gilt natürlich nicht immer. Wörter können sich ähnlich oder gleich anhören, ohne dass sie auch nur das Geringste miteinander zu tun haben. **He can the can** oder **he can with the can** ist natürlich völliger Quatsch!

level
Wasserwaage

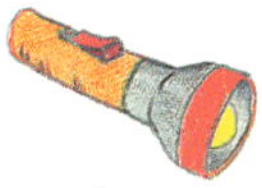
torch
Taschenlampe

wood shavings
Hobelspäne

screws
Schrauben

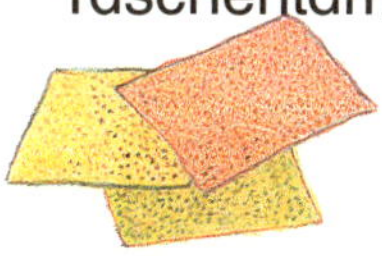
sand paper
Sandpapier

tyre
Reifen

shelf
Regalbrett

broom
Besen

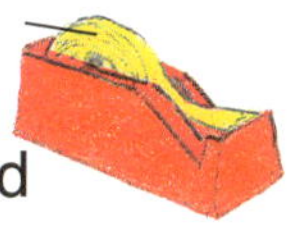
adhesive tape
Klebeband

hose
Schlauch

calendar
Kalender

refuse bin
Mülleimer

boards
Bretter

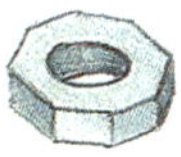
nut
Mutter

ladder
Leiter

duct tape
Isolierband

glue
Klebstoff

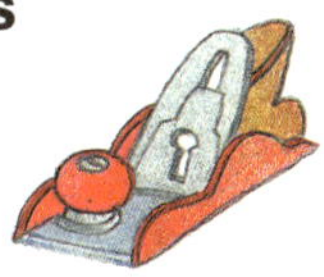
plane
Hobel

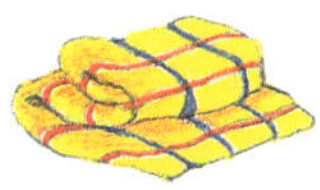
rag
Lumpen

cans
Dosen

nails
Nägel

drill
Bohrer

oil can
Ölkanne

paintbrush
Pinsel

putty
Kitt

In the repair shop we use ...
In der Werkstatt verwendet man ...

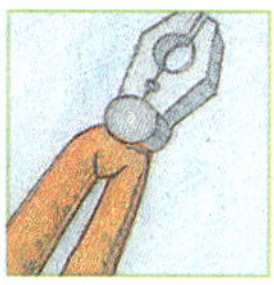
pliers
Zange

hoist
Winde

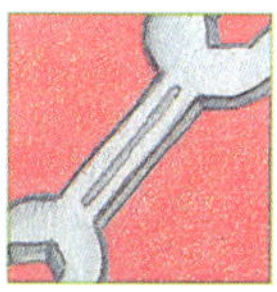
wrench
Schrauben-
schlüssel

screwdriver
Schrauben-
zieher

file
Feile

hammer
Hammer

In the Park

stream
Bach

trees
Bäume

park bench
Parkbank

wastepaper basket
Abfalleimer

slide
Rutsche

pram
Kinderwagen

I can run for half an hour.
Ich kann eine halbe Stunde laufen.

I find fast walking is difficult enough for me.
Schnell gehen ist mir schwer genug.

And I like it more to stroll.
Und ich gehe lieber spazieren.

Many people are skating today.
Heute fahren viele Leute mit Rollschuhen.

We cycle through the park.
Wir fahren mit dem Rad durch den Park.

Rowing is hard.
Rudern ist anstrengend.

Sherlock-McSchnuff-Tipp

Egal, ob du heute in den Park gehst oder morgen oder ob du gestern dort warst, diese Wörter solltest du dir unbedingt merken:
heute – **today**, morgen – **tomorrow**,
gestern – **yesterday.**
Today is tomorrow's yesterday! Alles klar?

In the Park

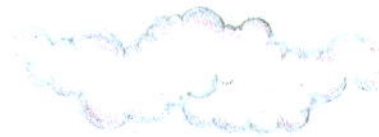

A walk in the park
Ein Spaziergang im Park

cloud
Wolke

When the weather is fine I like to ______ in the park.
Wenn das Wetter schön ist, gehe ich gern im Park spazieren.

squirrel
Eichhörnchen

I don't ______ a garden of my own.
Ich habe keinen eigenen Garten.

sign
Schild

Therefore I like the park all the ______.
Darum mag ich den Park umso mehr.

fountain
Brunnen

On the meadow it is even ______ to pick flowers.
Auf der Wiese darf man sogar Blumen pflücken.

But of course it is forbidden to ______ them out of the flower beds.
Aber es ist natürlich verboten, sie aus den Beeten zu pflücken.

______ I want to come again.
Morgen will ich wieder herkommen.

boat
Boot

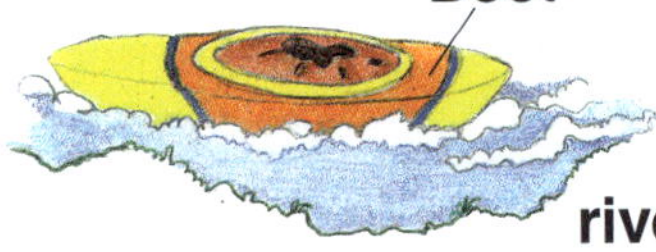

river
Fluss

Sherlock-McSchnuff-Aufgabe

Im Text oben fehlen diese Wörter:
allowed – have – more – pick – tomorrow – walk

Setze sie an den passenden Stellen ein.

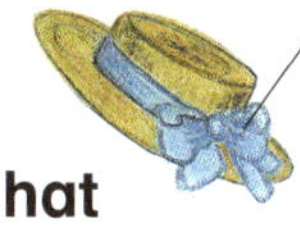

ribbon
Schleife

hat
Hut

newborn
Neugeborenes

rubbish bin
Abfalleimer

park bench
Parkbank

flower bed
Blumenbeet

stones
Steine

bush
Busch

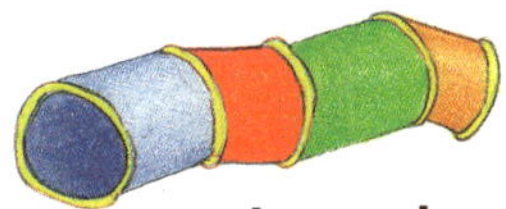

tunnel
Tunnel

ice-cream seller
Eisverkäufer

acorns
Eicheln

grass
Gras

sand
Sand

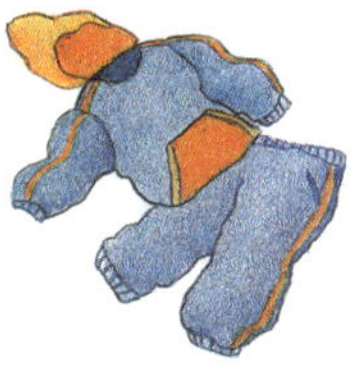

tracksuit
Jogginganzug

flowers
Blumen

skate board
Skateboard

trunk
Stamm

roots
Wurzeln

wheel
Rad

pram
Kinderwagen

sweets
Süßigkeiten

hill
Hügel

In the park you can play with …
Womit kann man im Park spielen …

climbing frame
Klettergerüst

swing
Schaukel

seesaw
Wippe

roundabout
Karussell

trampoline
Trampolin

slide
Rutsche

In the Office

files
Akten

drinking water
Trinkwasser

card file
Karteikasten

desk chair
Schreibtischstuhl

rubber
Radiergummi

adhesive tape
Klebeband

desk
Schreibtisch

I telephone him again.
Ich rufe ihn wieder an.

I print all day long.
Ich drucke den ganzen Tag.

I must enter my password.
Ich muss mein Kennwort eingeben.

I photocopy almost everything.
Ich fotokopiere fast alles.

I answer to his call.
Ich antworte auf seinen Anruf.

I sign the letter.
Ich unterschreibe den Brief.

Sherlock-McSchnuff-Aufgabe

Probier mal, ob du die Sätze oben auch mit **you** und **he** oder **she** schreiben kannst.
I telephone him again. → You telephone him again.
Aber Vorsicht: Es wird nicht immer reichen, einfach **I** durch **you** oder **he** oder **she** zu ersetzen!

In the Office

Some people say you cannot get dirty in the office.
Manche behaupten, im Büro kann man sich nicht dreckig machen.

But that is not true.
Aber das stimmt nicht.

You can smear on your sleeves with biros.
Man kann sich mit Kugelschreibern die Ärmel beschmieren.

You can taint your hands with printing ink.
Man kann sich mit Druckertinte die Hände fleckig machen.

Toner from the photocopier can ruin your clothes.
Toner aus dem Kopierer kann die Kleider ruinieren.

You can stamp your hands with a stamp.
Man kann sich mit dem Stempel die Hände stempeln.

You can spill coffee over your trousers.
Man kann sich Kaffee über die Hose schütten.

Worse than a car repair shop!
Schlimmer als in einer Autowerkstatt!

socket
Steckdose

mouse
Maus

mobile phone
Handy

paper clips
Heftklammern

letter opener
Brieföffner

Sherlock-McSchnuff-Tipp

Das deutsche „man" gibt es im Englischen nicht. Wie du oben sehen kannst, wird „man kann" auf Englisch durch **you can** ausgedrückt. Meistens kann man „man" auch in anderen Ausdrücken durch **„you"** ersetzen, zum Beispiel:
Man muss jeden Tag lernen.
You must learn every day.

Im Büro

files
Akten

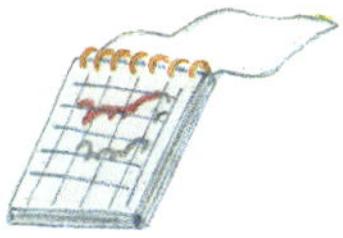

notepad
Notizblock

paper knife
Papiermesser

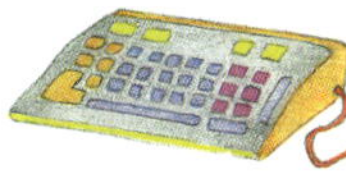

keyboard
Tastatur

cable
Kabel

monitor
Bildschirm

documents
Dokumente

stapler
Hefter

calendar
Kalender

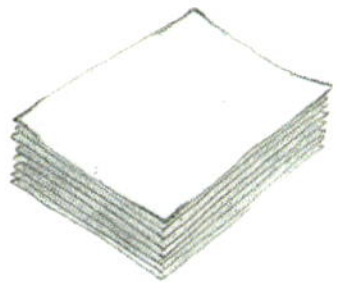

stack of paper
Papierstapel

set square
Zeichendreieck

stamps
Stempel

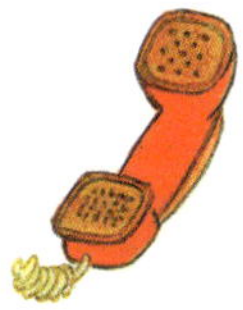

telephone receiver
Telefonhörer

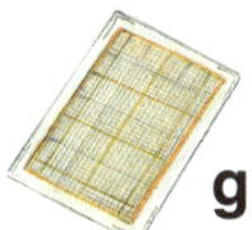

graph paper
Millimeterpapier

calculator
Rechenmaschine

clipboard
Klemmbrett

filing cabinet
Aktenschrank

modem
Modem

signature
Unterschrift

marker
Marker

radio
Radio

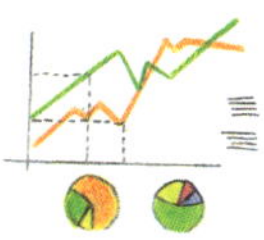

graph
Grafik

blotter
Löscher

ink pad
Stempelkissen

pencil holder
Stiftedose

In the office you can use:
Im Büro verwendet man:

telephone
Telefon

photocopier
Fotokopierer

computer
Computer

fax machine
Faxgerät

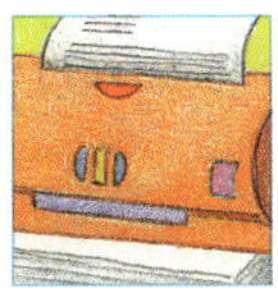

printer
Drucker

scanner
Scanner

In Hospital

bed
Bett

doctor
Arzt

medicine
Medizin

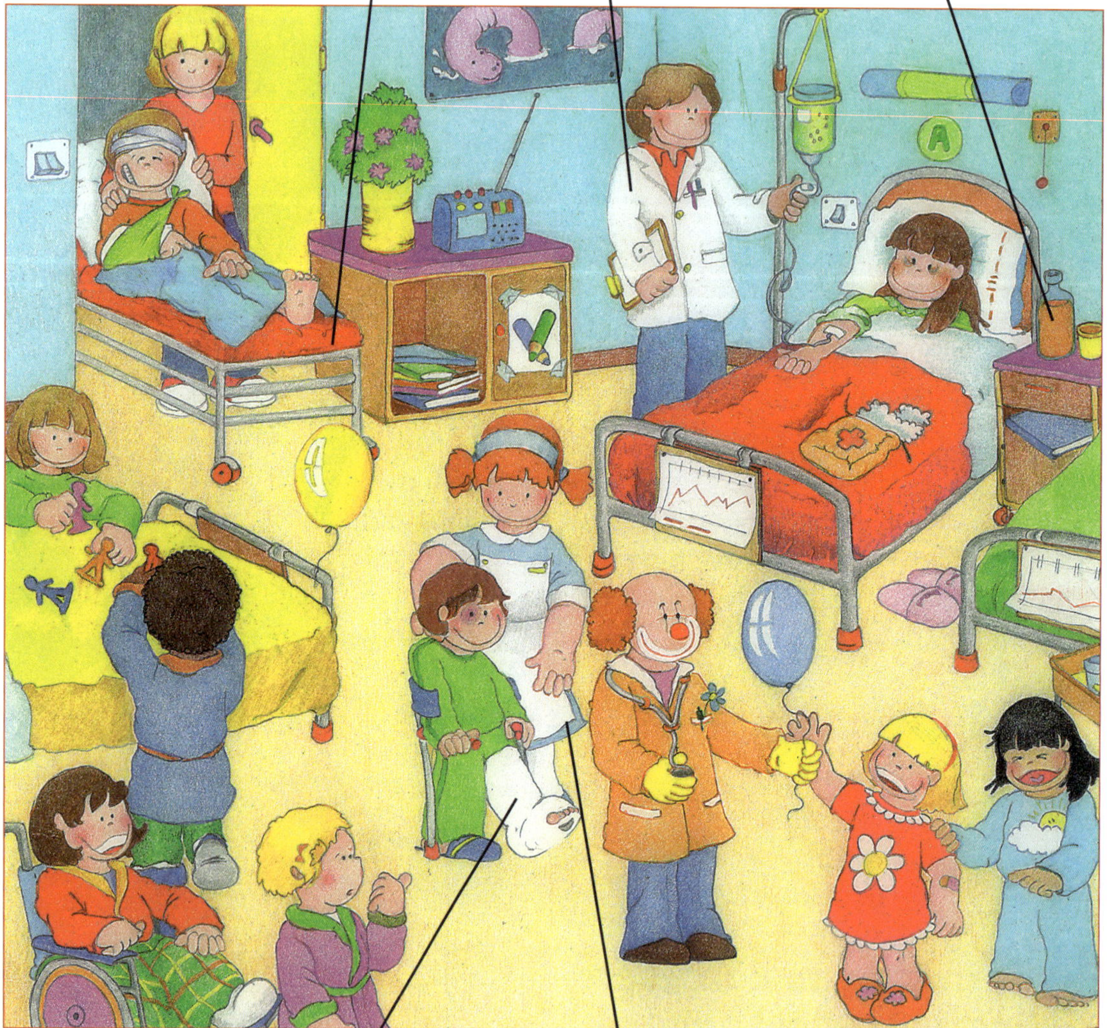

plaster cast
Gips

nurse
Krankenschwester

Im Krankenhaus

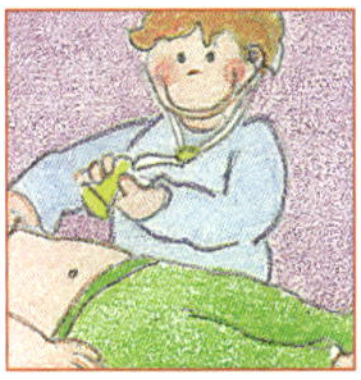

The doctor visits his patients every day.
Der Arzt besucht seine Patienten jeden Tag.

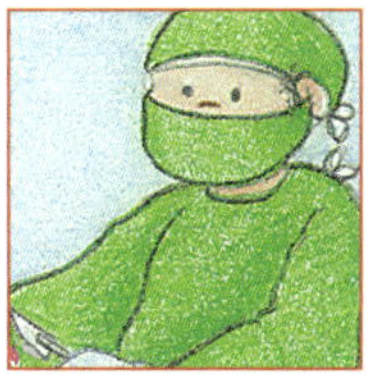

He operates on the patients.
Er operiert die Patienten.

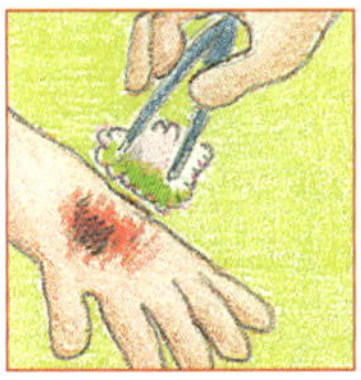

He treats them as well as possible.
Er behandelt sie so gut wie möglich.

The doctor examines the patients.
Die Ärztin untersucht die Patienten.

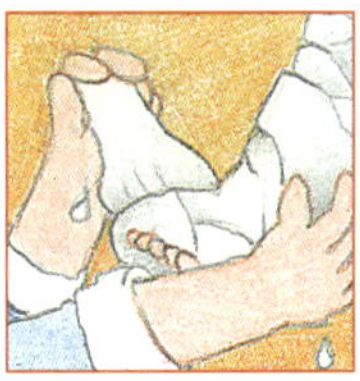

He dresses legs.
Er verbindet Beine.

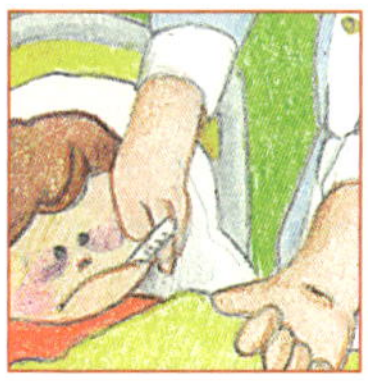

She does everything to cure them.
Sie tut alles, um sie zu heilen.

Sherlock-McSchnuff-Aufgabe

Ich glaube, wir müssen das mit dem Müssen noch einmal üben. Stelle die Sätze oben um:
The doctor visits his patients every day.
→ The doctor must visit his patients every day.

In Hospital

Harry got hurt while playing football.
Harry hat sich beim Fußballspielen verletzt.

The doctor examines him.
Der Arzt untersucht ihn.

They have to make an X-ray.
Sie müssen eine Röntgenaufnahme machen.

The leg is broken.
Das Bein ist gebrochen.

The doctor puts his leg in plaster.
Der Arzt legt ihm einen Gips an sein Bein an.

Harry has to stay in hospital for two weeks.
Harry muss zwei Wochen im Krankenhaus bleiben.

He mustn't play football for many months.
Er darf viele Monate nicht mehr Fußball spielen.

pills and tablets
Pillen und Tabletten

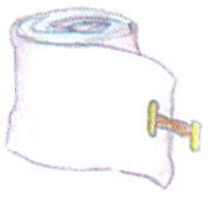

bandage
Binde

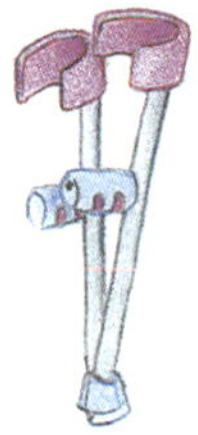

crutches
Krücken

wheelchair
Rollstuhl

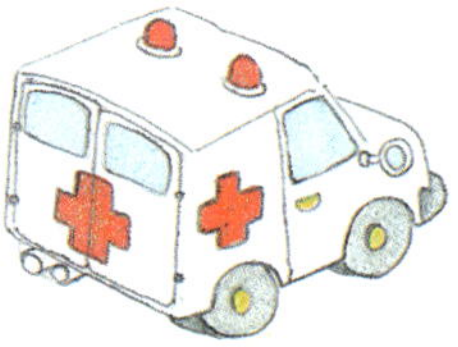

ambulance
Ambulanz

Sherlock-McSchnuff-Tipp

Vorsicht! „Er muss" heißt auf Englisch **he must**, „er muss nicht" heißt aber nicht etwa **he must not** (oder abgekürzt **he mustn't**), sondern **he does not need** (abgekürzt **he needn't** oder **he doesn't need**). Wie du im letzten Satz sehen kannst heißt **he mustn't** „er darf nicht". Ganz schön verwirrend!

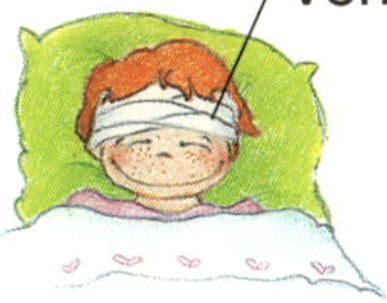

dressing
Verband

patient
Patient

needle
Nadel

infusion
Infusion

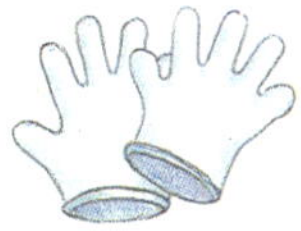

disposable gloves
Einmalhandschuhe

cotton wool
Watte

X-ray
Röntgenbild

ointment
Salbe

dressing gown
Morgenmantel

results
Befund

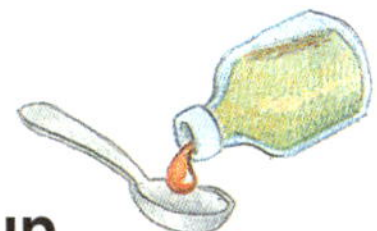

syrup
Hustensaft

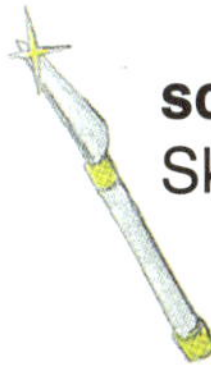

scalpel
Skalpell

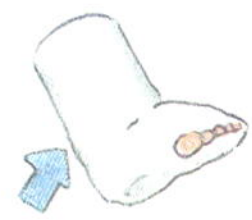

plaster cast
Gips

tray
Tablett

nurse
Krankenschwester

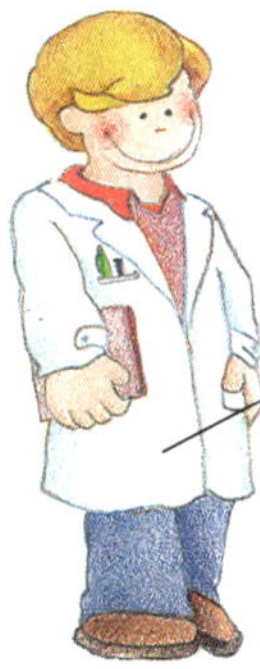

white coat
Kittel

doctor
Arzt

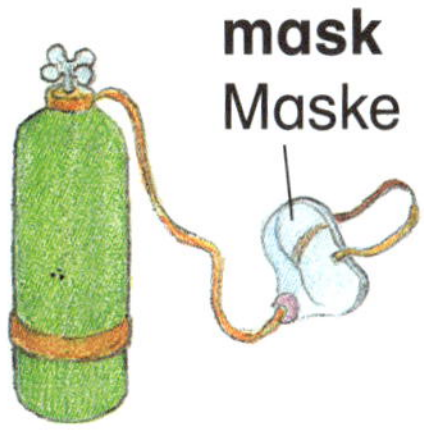

mask
Maske

oxygen bottle
Sauerstoffflasche

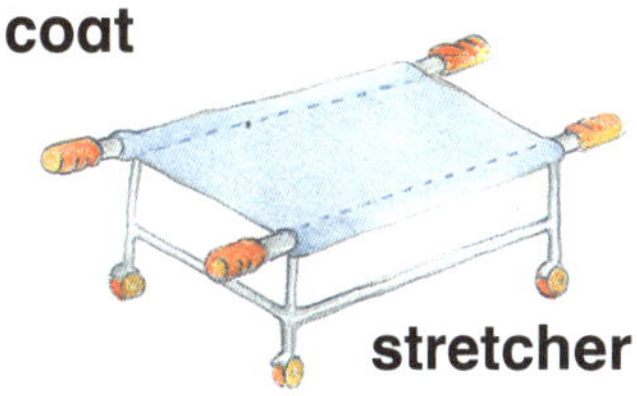

stretcher
Trage

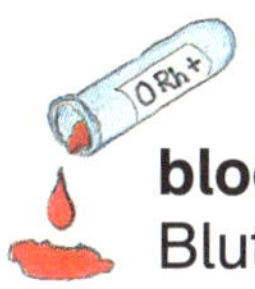

blood
Blut

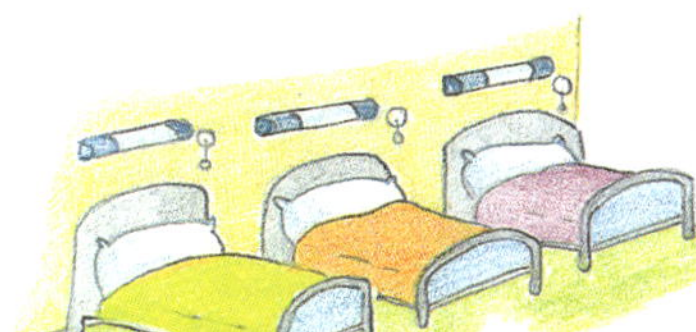

sickbay
Krankenzimmer

lift
Aufzug

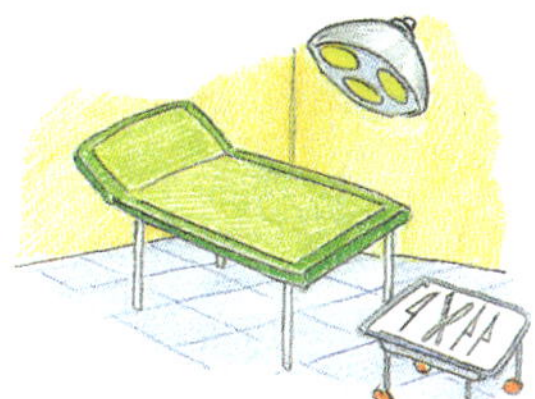

operating theatre
Operationssaal

In hospital the doctor needs ...
Im Krankenhaus braucht der Arzt ...

stethoscope
Stethoskop

bandages
Verbands-
zeug

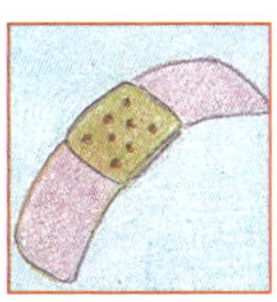

plaster
Pflaster

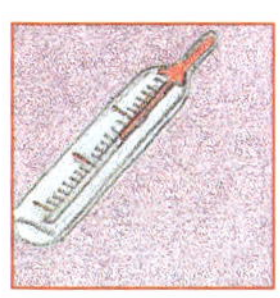

thermometer
Thermometer

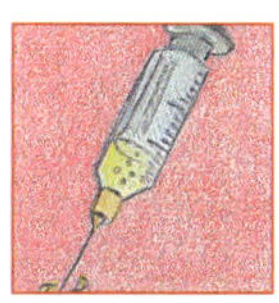

syringe
Spritze

disinfectant
Desinfektions-
mittel

The Railway Station

ticket counter
Fahrkartenschalter

timetable
Fahrplan

train
Zug

backpack
Rucksack

goodbye
Abschied

ticket
Fahrkarte

I must validate my ticket.
Ich muss die Fahrkarte abstempeln.

The conductor checks the tickets.
Der Schaffner kontrolliert die Fahrkarten.

I greet the newcomers.
Ich grüße die Neuankömmlinge.

I go down the stairs.
Ich gehe die Treppe hinunter.

I wait for my train.
Ich warte auf meinen Zug.

I go up the step.
Ich gehe die Stufe hinauf.

Sherlock-McSchnuff-Tipp

Die Wörter **up** – hinauf und **down** – hinab solltest du dir gut merken. Man kann sie mit vielen Tunwörtern kombinieren, z. B. **wake up** – aufwachen, aufwecken oder **lie down** – sich hinlegen. Sie kommen auch in vielen anderen Verbindungen vor. Zum Beispiel heißt in einem Haus mit mehreren Stockwerken **upstairs** „oben“ und **downstairs** „unten“. Vielleicht kennst du auch die Wörter Upload und Download aus der Computersprache.

The Railway Station

Janet and Jack go to school by train.
Janet und Jack fahren mit dem Zug zur Schule.

handbag
Handtasche

handkerchief
Taschentuch

Today the train is late.
Heute hat der Zug Verspätung.

A girl with a lot of luggage comes out of the waiting room and asks them:
Ein Mädchen mit viel Gepäck kommt aus dem Wartesaal und fragt sie:

Girl: Excuse me, can you tell me where the train to Manchester is leaving?
Mädchen: Entschuldigung, könnt ihr mir sagen, wo der Zug nach Manchester abfährt?

Janet: I don't know, but you can look on the timetable over there.
Janet: Ich weiß nicht, aber du kannst auf den Plan da drüben schauen.

Girl: Thank you.
Mädchen: Danke.

information stand
Information

Sherlock-McSchnuff-Aufgabe

Mit dem Zug in die Schule? Oh Gott, wie langweilig! Oder nicht?

Bilde aus den gegeben Wörtern ein paar Sätze wie diesen:
go, school → It is boring to go to school.
throw, stones – watch, TV – play, football – read, books – learn, English
Wenn du etwas **nicht** langweilig findest, musst du natürlich sagen:
It is not boring to ...

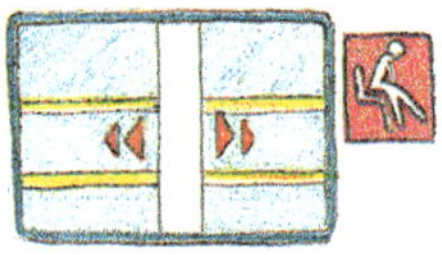

waiting room
Wartesaal

timetable
Fahrplan

destination
Zielort

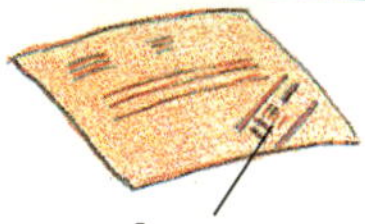

stamp
Briefmarke

escalator
Rolltreppe

ticket validator
Fahrkartenentwerter

digital clock
Digitaluhr

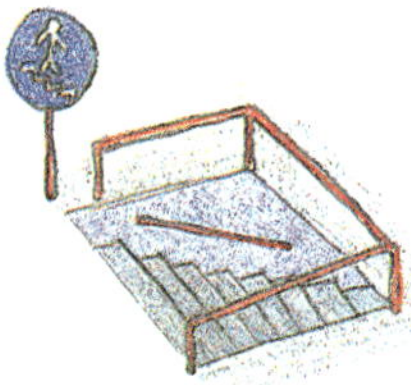

subway
Unterführung

compartment
Abteil

seats
Sitze

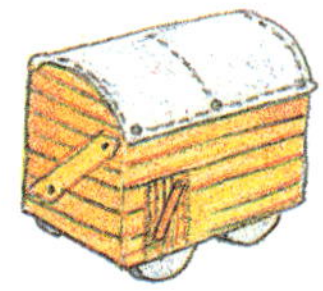

goods wagon
Güterwaggon

porter
Träger

baggage
Gepäck

conductor
Schaffnerin

station master
Bahnhofsvorsteher

engine driver
Lokführer

food cart
Verkaufswagen

kiosk
Zeitungskiosk

tunnel
Tunnel

ticket counter
Fahrkartenschalter

locomotive
Lokomotive

window
Fenster

passenger
Passagierin

switch
Weiche

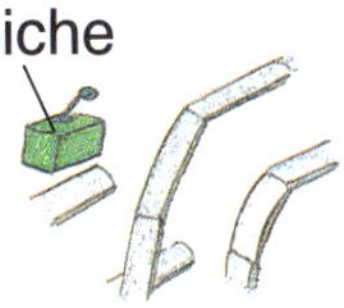

At the train station you can see:
Im Bahnhof siehst du:

train
Zug

railway sleepers
Schwellen

platform
Bahnsteig

rails
Gleis

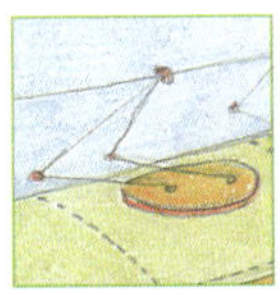

current collector
Stromabnehmer

The Airport

gate
Flugsteig
gangway
Gangway
plane
Flugzeug
runway
Rollbahn
suitcase
Koffer
tracker dog
Spürhund
policeman
Polizist
conveyor belt
Förderband

This plane takes off.
Dieses Flugzeug startet.

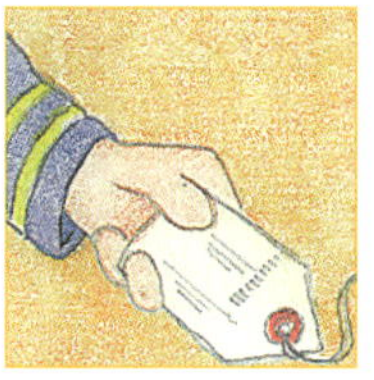

The ground staff inspects all tickets.
Das Bodenpersonal überprüft alle Tickets.

That plane lands.
Das Flugzeug landet.

The plane is refueled.
Das Flugzeug wird aufgetankt.

I set down my luggage.
Ich lege mein Gepäck ab.

A speaker announces the departures.
Ein Lautsprecher sagt die Abflüge an.

Sherlock-McSchnuff-Tipp

Übrigens: Nirgends wird so viel Englisch gesprochen wie auf Flughäfen, und zwar auf der ganzen Welt. Auch in Deutschland werden im Flughafen alle Durchsagen auf Deutsch und auf Englisch gesprochen. Piloten sprechen im Funkverkehr immer Englisch, egal, woher sie kommen. Wenn du auf einen Flughafen kommst, wird dir Englisch auf Schritt und Tritt begegnen. Achte beim nächsten Mal genau darauf!

The Airport

What is your dream job?
Was ist dein Traumberuf?

windsock
Windsack

Joe, Tina, Susan and Harry wait for their plane.
Joe, Tina, Susan und Harry warten auf ihr Flugzeug.

The airport is an exciting place!
Der Flughafen ist ein aufregender Ort.

All would like to work here one day.
Alle würde hier gerne einmal arbeiten.

magazines
Zeitschriften

flight attendant
Stewardess

What is your dream job, Joe?
Was ist dein Traumberuf, Joe?

I want to become a pilot. And what about you, Susan?
Ich möchte Pilot werden. Und was ist mit dir, Susan?

I would like to be a flight attendant. And you, Harry?
Ich wäre gern Flugbegleiterin. Und du, Harry?

suitcase
Koffer

I want to be a policeman. And you, Tina?
Ich will Polizist werden. Und du, Tina?

My dream job is tourist.
Mein Traumberuf ist Touristin.

radar
Radar

postcards
Postkarten

Sherlock-McSchnuff-Aufgabe

Was ist dein Traumjob? In diesem Buch findest du viele Berufe, nicht nur auf dem Flughafen. Ist einer für dich dabei? Suche dir die fünf besten und die fünf schlimmsten Berufe, die du in diesem Buch finden kannst heraus und schreibe sie auf ein Blatt Papier. Ein kleiner Tipp für die Überschrift: Die besten Berufe sind **the best jobs**, die schlechtesten Berufe sind **the worst jobs**!

Der Flughafen

control tower
Kontrollturm

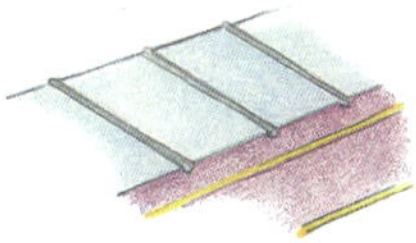

conveyor belt
Förderband

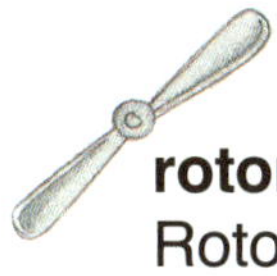

rotor
Rotor

newspaper
Zeitung

runway
Landebahn

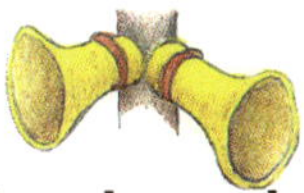

loudspeaker
Lautsprecher

engine
Motor

anemometer
Windmesser

policeman
Polizist

pistol
Pistole

hand luggage
Handgepäck

pilot
Pilot

tourist
Touristin

customs officer
Zollbeamte

shop
Geschäft

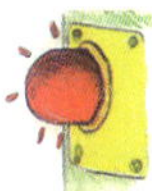

alarm
Alarm

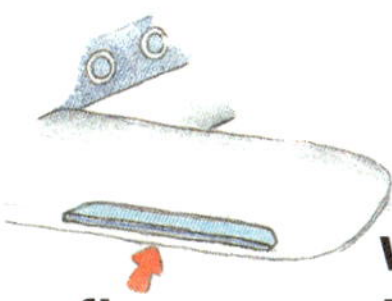

flap
Klappe

wing
Flügel

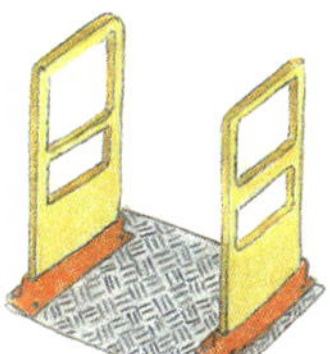

metal detector
Metalldetektor

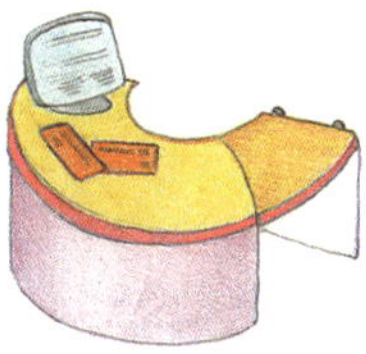

check-in desk
Flugschalter

annunciator panel
Anzeigetafel

guidebook
Reiseführer

baggage wagon
Gepäckwagen

At the airport you can see:
Am Flughafen siehst du:

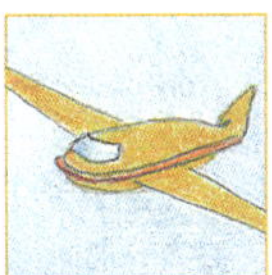

glider
Segel-
flugzeug

helicopter
Hub-
schrauber

fuelling vehicle
Tankwagen

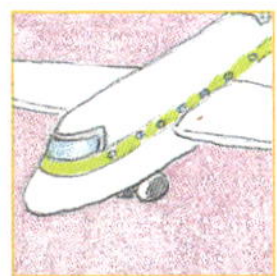

plane
Flugzeug

bus
Bus

hangar
Hangar

The Harbour

rowing boat
Ruderboot
horizon
Horizont
ocean
Ozean
foam
Gischt
net
Netz
fisherman
Fischer
compass rose
Windrose

It is time to board.
Es wird Zeit, an Bord zu gehen.

I must unload the fish.
Ich muss die Fische ausladen.

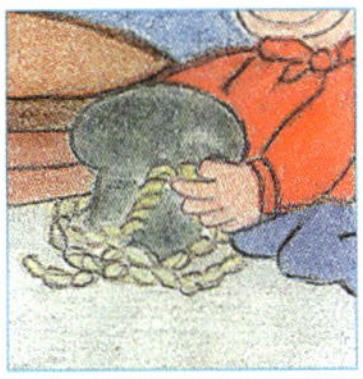

He moors his boat.
Er vertäut sein Boot.

I embark to New York.
Ich schiffe mich nach New York ein.

We transport our freight to the ship.
Wir transportieren unsere Fracht zum Schiff.

The ship weighs anchor.
Das Schiff lichtet den Anker.

Sherlock-McSchnuff-Tipp

Vorsicht, nicht alles ist so, wie es vielleicht scheint! Zum Beispiel heißt **the ship weighs anchor** nicht etwa „das Schiff wiegt den Anker“, sondern, es lichtet den Anker. Zwar heißt **wet** „nass“ und **suit** heißt „Anzug“, aber das **wetsuit** von der nächsten Doppelseite heißt deswegen noch lange nicht „nasser Anzug“.

The Harbour

David: I love the sea.
David: Ich liebe das Meer.

Janet: I hate the sea.
Janet: Ich hasse das Meer.

David: The seagulls hover through the air.
David: Die Möwen segeln durch die Luft.

Janet: The seagulls are screaming.
Janet: Die Möwen schreien.

David: What a nice smell of fresh fish.
David: Was für ein lieblicher Duft nach frischem Fisch.

Janet: It stinks of fish here!
Janet: Hier stinkt es nach Fisch!

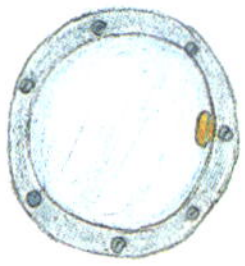

porthole
Bullauge

rowing boat
Ruderboot

oars
Ruder

bollard
Poller

rope
Tau

raincoat
Regenmantel

buoy
Boje

seagull
Möwe

Sherlock-McSchnuff-Tipp

Auf diesen Seiten erfährst du, dass Gummistiefel **rubber boots** heißen und ein Regenmantel **rain coat**. Das stimmt auch, nur benutzt in England fast niemand diese Wörter. Die meisten Leute nennen Gummistiefel **wellingtons** oder auch kurz **wellies**. Der Name kommt von Herzog von Wellington, einem Feldherrn von vor 200 Jahren. Der hat nicht nur Schlachten geschlagen, sondern in seiner Freizeit auch noch Stiefel entworfen. Ein Regenmantel ist für die meisten Briten ein **mackintosh**. Er ist benannt nach dem Schotten Charles Macintosh (komischerweise ohne ck!), der im Jahr 1824 den ersten wirklich wasserdichten Regenmantel der Welt erfunden hat – in Großbritannien regnet es eben ziemlich viel.

Der Hafen

sail
Segel

funnel
Schornstein

pier
Mole

deep sea diver
Tiefseetaucher

lighthouse
Leuchtturm

anchor
Anker

three-wheeler van
Dreiradtransporter

rubber boots
Gummistiefel

captain
Kapitän

helm
Steuerruder

flag
Flagge

wetsuit
Taucheranzug

cable winch
Seilwinde

sailor
Matrose

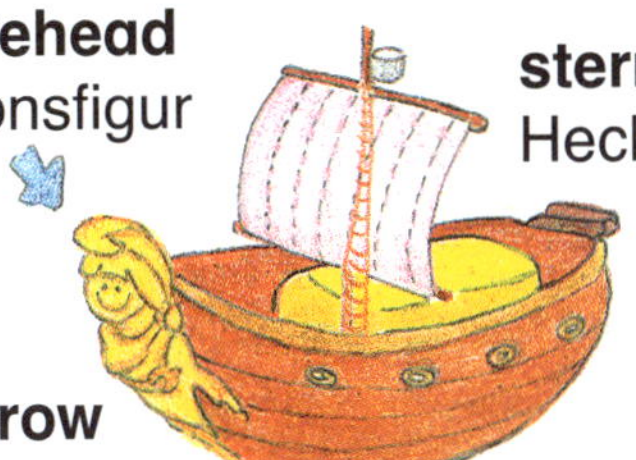

figurehead
Galionsfigur

stern
Heck

prow
Bug

bulkhead
Schott

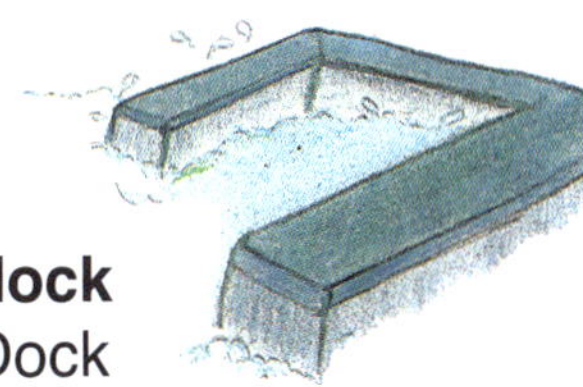

dock
Dock

In the harbour you can see:
Im Hafen siehst du:

ferry
Fähre

fishing boat
Fischerboot

excavator
Bagger

tugboat
Schlepper

rowing boat
Ruderboot

tanker
Tanker